LA CIRCULATION
DES HOMMES & DES CHOSES

PRÉCIS DES LEÇONS D'ÉCONOMIE POLITIQUE

DONNÉES PAR

M. Victor BRANTS

PROFESSEUR A L'UNIVERSITÉ CATHOLIQUE DE LOUVAIN
SECRÉTAIRE PERPÉTUEL DE LA SOCIÉTÉ BELGE D'ÉCONOMIE SOCIALE

faisant suite aux ouvrages intitulés :

Lois et méthode de l'économie politique (1883)
La lutte pour le pain quotidien (1885)

PARIS
H. CHAMPION, LIBRAIRE
15, Quai Malaquais

LOUVAIN
C. PEETERS, LIBRAIRE-ÉDITEUR
22, rue de Namur

1887

LA CIRCULATION
DES HOMMES ET DES CHOSES

LA CIRCULATION
DES HOMMES & DES CHOSES

PRÉCIS DES LEÇONS D'ÉCONOMIE POLITIQUE

DONNÉES PAR

M. Victor BRANTS

PROFESSEUR A L'UNIVERSITÉ CATHOLIQUE DE LOUVAIN
SECRÉTAIRE PERPÉTUEL DE LA SOCIÉTÉ BELGE D'ÉCONOMIE SOCIALE

faisant suite aux ouvrages intitulés :

Lois et méthode de l'économie politique (1883)
La lutte pour le pain quotidien (1885)

PARIS	LOUVAIN
H. CHAMPION, LIBRAIRE	C. PEETERS, LIBRAIRE-ÉDITEUR
15, Quai Malaquais	22, rue de Namur

1887

TABLE DES MATIÈRES.

                                                           Pages

PRÉFACE IX

LIVRE I. L'échange et le commerce.

Chapitre 1er. La loi des valeurs.
§ 1. Rôle de l'échange 1
§ 2. Notion de la valeur d'échange 3
§ 3. La loi des frais de production et son influence sur la valeur 8
§ 4. Prix des choses dont la quantité est limitée. — Monopoles 15
§ 5. Aperçu historique de la théorie des valeurs . . 18
§ 6. Du juste prix 22
Chapitre 2. Le mécanisme des échanges. — La monnaie.
§ 1. Les formes primitives de l'échange 30
§ 2. Nature de la monnaie 33
§ 3. La monnaie et la loi 36
§ 4. Valeur de la monnaie et prix des choses . . 40
§ 5. Loi de Gresham 47
§ 6. Constitution du système monétaire 48
Chapitre 3. Le commerce.
§ 1. Nature du commerce 57
§ 2. Organisation commerciale 59
  1. Le gros et le détail . . . . id.
  2. Sociétés coopératives de consommation . . 61
  3. Le grand détail 63
§ 3. Notion juridique du commerce 64
§ 4. Les débouchés 66
Chapitre 4. Régime légal du commerce. Système douanier.
§ 1. Aperçu des systèmes. La balance du commerce . 71

		Pages
1. Système annonaire		id.
2. Mercantilisme		72
3. Système prohibitif		77
4. Ecole du laissez-passer		79
§ 2. La protection		80
§ 3. Le libre-échange		83
§ 4. La politique commerciale pratique		87
§ 5. Tarifs généraux et traités de commerce		92
§ 6. Législation des tarifs commerciaux		95

Chapitre 5. Moyens de transport et voies de communication.
- § 1. Système et rôle des divers réseaux 100
- § 2. Tarifs et prix de transport 106
- § 3. Effets du développement des communications . . 110
- § 4. Les correspondances 112

Chapitre 6. L'esprit d'entreprise et les relations commerciales 114

LIVRE II. Le crédit et les institutions qui s'y rattachent.

Chapitre 1er. Le crédit et la circulation fiduciaire en général.
- § 1. La nature du crédit. — Ses divers éléments . . 121
- § 2. Signes du crédit 127
- § 3. Effets du crédit 130

Chapitre 2. Le change, les effets de commerce et les mandats de paiement.
- § 1. De la nature de la lettre de change et de ses transformations 135
- § 2. Le change commercial 141
- § 3. Les mandats de paiement 147

Chapitre 3. Opérations de banque.
- § 1. Aperçu général des opérations de banque . . 148
- § 2. Les dépôts 150
- § 3. Services de caisse, virements, chèques . . . 155
- § 4. L'escompte 161
- § 5. Les placements 164
- § 6. Le compte courant 166
- § 7. L'émission et les billets au porteur 167

Chapitre 4. Sécurité des banques 171
- § 1. Les garanties de la sécurité 172

	Pages
§ 2. Taux de l'escompte	178
Chapitre 5. Le papier monnaie et le cours forcé	183
Chapitre 6. Régime légal des banques et de la circulation.	
§ 1. Aperçu des systèmes	188
§ 2. Unité ou pluralité des banques	190
§ 3. Liberté ou restriction des émissions	193
§ 4. Conclusion	195
§ 5. Législation comparée	197
A. Banque nationale de Belgique	198
B. Banque d'Angleterre	203
C. Banque de France	208
D. Banques des Etats-Unis et de la Suisse	210
Chapitre 7. Crédits spéciaux.	
§ 1. Crédit réel mobilier. — Warrants	211
§ 2. Crédit hypothécaire et foncier.	
1. Nature de ce crédit	215
2. Organisation et caractères spéciaux	217
a) Publicité des droits réels	id.
b) Exécution des droits réels	219
c) Transfert des droits réels et mobilisation du crédit	220
d) Amortissement	222
3. Institutions de crédit foncier	id.
§ 3. Crédit agricole	226
§ 4. Crédit populaire	231
1. Les monts de piété	232
2. Le prêt direct. Les banques d'Ecosse	235
3. La mutualité et les unions de crédit	236
§ 5. Crédit industriel à la production	241
Chapitre 8. La bourse et la banque de spéculation.	
§ 1. Définition de la bourse	243
§ 2. Opérations de bourse	245
§ 3. Spéculation et agiotage	249
§ 4. Répression de l'agiotage	254
1. Législation des marchés à terme	255
2. Police de la bourse	258
Chapitre 9. Les sociétés commerciales	259
Chapitre 10. Les crises	272

PREFACE.

Le volume que nous offrons au public est destiné, comme deux de ses devanciers (1), à servir de précis aux leçons d'économie politique, professées à la Faculté de Droit de Louvain.

Son objet est spécialement technique ; c'est le mécanisme des affaires : le commerce, les échanges, la monnaie, le crédit, la banque sous ses formes multiples, les sociétés commerciales qui sollicitent notre examen.

Notre plan, notre mode d'exposer seront les mêmes que dans les volumes que nous venons de citer. Nous ne nous bornerons pas, comme la plupart des manuels, à une sèche et technique analyse de *ce qui se fait*. Nous serons concis, notre but l'exige, mais nous joindrons ici encore à notre étude deux points importants qui ont été

(1) *Lois et méthode de l'économie politique.* — *La lutte pour le pain quotidien.*

relevés avec une approbation encourageante par ceux qui ont bien voulu lire nos précédents volumes.

D'abord nous tâcherons de faire la *morale du commerce et du crédit*; la morale, et par excellence la morale chrétienne, doit imprégner toute la vie sociale; c'est elle qui sauvegarde l'*honneur commercial*; c'est elle qui pourrait préserver de bien des désastres.

Nous serons obligés de pénétrer dans l'analyse des affaires financières, d'en expliquer le mécanisme, d'en exposer même les abus. Cette étude rentre dans le programme du cours d'économie politique. Elle nous paraît d'ailleurs non seulement utile, mais fructueuse et nécessaire. Quelle attitude doit prendre le savant chrétien dans de telles études? Quelle est celle que nous prendrons dans le travail que nous osons entreprendre?

Loin de nous la pensée de condamner le développement matériel qu'a toujours encouragé et béni l'Eglise; loin de nous de blâmer le père de famille se livrant à l'industrie, au commerce, pour y conquérir un patrimoine, fruit de ses veilles et de ses capacités, et dont il usera pour le bien de sa famille, celui de la société et la gloire de Dieu.

L'élévation par le travail, est un succès honorable et digne d'estime. Mais l'activité financière, on ne le sait que trop, a provoqué bien des abus.

« Le nom complaisant de théorie du crédit public, disait l'éminent cardinal Pie, à ses diocésains de Poitiers, ne saurait faire absoudre journellement des pratiques que vos pères eussent stigmatisées comme de flagrantes iniquités. Quelque forme qu'elles revêtent, les usures et les fraudes ne changent point de caractère devant Dieu. » Et ailleurs : « Le commerce poitevin s'est toujours fait respecter par ses principes de justice. Gardez, vous dirai-je, gardez cette loyauté scrupuleuse dans les affaires, cette modération dans vos désirs, et cette persistance dans vos labeurs. Vos pères bâtissaient leur fortune lentement mais solidement, honorablement ; ils ne l'élevaient ni sur les ruines de leur probité, ni sur celles de leur religion et de la religion de leur descendance. L'entraînement des mœurs modernes n'a-t-il pas placé le commerce sur une autre pente ? »

Ces graves paroles s'appliquent à toute la vie économique, à tout ce qu'on appelle *les affaires* dans le monde de l'argent. Sans doute, le vieil honneur n'a point disparu. Il en reste, surtout dans nos pays chrétiens, de nombreux exemples. Bien des hommes encore ne poursuivent point l'argent par tous moyens et à l'infini, et ne voient dans leurs affaires qu'une voie honnête et utile de s'enrichir et de faire du bien. Mais les abus sont de plus en plus nombreux, à mesure que se relâche la morale chrétienne.

On ne peut contester que l'amour désordonné des richesses ne se soit emparé de bien des esprits. Cette poursuite éffrénée, *in infinitum*, que réprouvent les docteurs chrétiens, n'est-elle pas la raison de cette activité souvent factice ? On recherche la fortune avec une convoitise qui étouffe bien d'autres sentiments : l'honneur, la loyauté, la délicatesse, y sont souvent oubliés et violés. On veut s'enrichir vite ; et les moyens les plus rapides ne sont point les plus honnêtes. Le travail, l'épargne, la persévérance sont des chemins trop longs ; la spéculation, les artifices en offrent de plus immédiats. Songe-t-on dans cet entraînement du lucre, à l'usage et au rôle de la fortune ? Les richesses ainsi acquises, répandent-elles le bienfait sur la société ? Ces riches sont-ils de bons riches ? Chacun cherche à s'élever vite ; on ne cherche qu'à s'élever, non pas par le labeur mais par l'artifice et l'habileté ; on oublie les devoirs sociaux, et le mal qui en résulte est une des causes de la rupture de la paix sociale.

Cette agitation pour l'argent n'est point la sainte activité bénie de Dieu ; ce n'est point *la lutte* vaillante *pour le pain quotidien*, c'est le mouvement stérile de la matière pour elle-même ; c'est là que Le Play signalait le danger de la richesse.

Il nous a paru nécessaire de placer ces paroles en tête d'un livre où nous allons développer le mécanisme des *affaires* et expliquer le flux et le reflux de la *circulation des hommes et des choses* dans la société moderne.

Nous expliquerons bien des choses que nous n'approuvons point ; nous avons proclamé la royauté de la morale chrétienne dans tout l'ordre économique, et c'est à ce critère que nous jugerons les procédés de la richesse. Tout en admirant les progrès matériels, nous reconnaîtrons que *la justice et la charité* sont les éléments essentiels de la prospérité sociale.

L'accueil bienveillant que le public a fait à notre précédent volume : *La Lutte pour le pain quotidien ;* les encouragements que nous avons reçus de bien des chrétiens, nous ont persuadé que notre pensée répond à la leur. Les esprits honnêtes aspirent au règne de la justice chrétienne. C'est l'idée qui nous inspire, et qui inspire tout notre enseignement.

Il nous est arrivé souvent, au cours de ce travail, de toucher à des applications des principes de la théologie. C'était inévitable, sans cependant entrer dans la casuistique ; mais nous tenons à déclarer notre soumission absolue à toutes les décisions de l'Autorité infaillible qui définit la loi de Dieu.

Dans notre éxposé, nous avons groupé, autant que possible, les principales sources législatives, relatives aux points que nous abordions. Nous y voyons le grand avantage d'unifier les connaissances dans l'ensemble des études juridiques. La législation comparée et l'étude des faits prennent de plus en plus dans l'enseignement économique une grande et légitime importance.

V. B.

LA CIRCULATION DES HOMMES & DES CHOSES.

LIVRE PREMIER.

L'ÉCHANGE ET LE COMMERCE.

CHAPITRE PREMIER. — La loi des valeurs.

§ 1. *Rôle de l'échange.*

1. Dans les sociétés simples, où les relations économiques sont peu développées, chaque groupe social fabrique tout ce qui est nécessaire à sa consommation. C'est le cas non seulement des tribus nomades, mais des associations familiales du moyen âge. Bien que la production en famille n'ait point disparu, il est certain qu'on travaille de moins en moins pour sa propre consommation, sauf dans l'industrie agricole. C'est la conséquence de la division des professions dont les avantages économiques ne sont pas contestés. Si on re pro-

duit guère pour son usage, il en résulte que, pour se procurer les objets qu'on désire, il faut les acquérir. Or leur production a coûté à d'autres des peines et des dépenses dont ils veulent être indemnisés. Il faut donc leur faire le sacrifice d'une chose que l'on a produite ou qu'on possède soi-même, et qui constitue, pour eux, l'équivalent de ce qu'ils livrent. Cette opération, c'est l'échange.

2. L'échange existe dans toute société même élémentaire ; mais il est un des phénomènes économiques les plus saillants des sociétés compliquées. L'importance de ce fait est telle que plusieurs ont voulu réduire l'économie à la science des échanges, la *catallactique*. Il n'est plus besoin de prouver que c'est là une erreur qui mutile et dénature la science.

3. Ce système général a des avantages incontestés que l'on connaît. Outre l'amélioration de l'industrie elle-même par sa spécialité, ce système augmente le loisir des hommes qui peuvent rendre à la société des services d'un ordre immatériel, en les débarrassant d'autres soucis. La production domestique a, d'autre part cependant, des avantages considérables. Il serait fâcheux que nos hommes d'état dussent réparer leur maison comme les chefs arabes raccommodent leur tente, mais il y avait du bon au temps « où la reine Berthe filait » et où nos grand'mères étaient leurs propres tailleuses. L'observation démontre l'avantage de bien des

travaux domestiques. Le régime de l'échange est bon quand il permet à chacun de se rendre plus utile dans sa sphère; il cesse de l'être quand on n'en use que pour multiplier les vains loisirs aux dépens de l'activité sérieuse.

4. A l'origine, l'échange se fait sous la forme directe du *troc* : c'est l'échange simple. Plus tard, on invente la *monnaie*. Le contrat de vente remplace l'échange. Nous en reparlerons plus tard.

§ 2. *Notion de la valeur d'échange.*

5. Personne ne recherche que les choses qui satisfont un désir ou un besoin, qui ont ce qu'on appelle parfois une *valeur d'usage*, c'est à dire une utilité. Cette utilité, c'est à chacun à l'apprécier. Il est des choses qui sont utiles à tout le monde, comme l'eau, le pain; il en est qui ne peuvent servir qu'à quelques personnes, comme les instruments de musique. Il est des choses qui ont une utilité sérieuse pour les gens sensés; il en est qui n'ont qu'une utilité d'emprunt, toute factice, basée sur une erreur ou une folie. Mais quelle que soit la raison d'être de l'estime qu'on en a, elle suffit à expliquer la recherche qu'on en fait. Un affamé poursuivra avec âpreté un crouton de pain; un riche collectionneur recherchera de même des bronzes ou des médailles.

6. Pour se procurer un objet utile, désiré, on fera des efforts, des sacrifices. On offrira à celui qui le possède des compensations pour le

décider à le céder. Ces sacrifices seront en proportion du désir qu'on en éprouve ; on les augmentera, s'il le faut, jusqu'au moment où ils dépasseraient la satisfaction qu'on recherchait. Il y a des personnes qui se privent de dîner pour acheter une parure ; d'autres préfèrent un bon vêtement à une soirée de théâtre ; les esclaves romains réunissaient leur pécule de liberté, *ventre fraudato*. Toute cette mesure de sacrifices est variable. La valeur d'échange d'une chose n'est que la puissance qu'elle a de déterminer certains sacrifices par le désir qu'elle provoque. Si cette puissance est exprimée en monnaie, c'est le prix.

7. Quelque désir qu'on ait d'une chose, on ne fera cependant, en général, pour l'obtenir, que les sacrifices strictement nécessaires. Il y a donc des choses fort utiles qui n'ont point de valeur d'échange, parce que l'on peut s'en procurer à satiété. Dès que le désir est satisfait, on ne fait plus de sacrifices pour obtenir son objet. Un homme repu ne donnera rien pour un pain qu'un affamé paierait fort cher. L'air respirable ordinaire ne se paie pas, l'air des montagnes ou du midi se paie en réalité par les dépenses de logement. Il faut donc, à la valeur, un élément de rareté relative ; elle diminuera à mesure qu'approche la satiété et se règlera, comme le dit fort bien Walras, d'après l'intensité du dernier désir satisfait. Aussi en pratique les qualités intrinsèques de la chose, bien qu'étant la base de la valeur

d'échange, n'ont qu'une influence restreinte sur son taux.

8. L'échange n'est donc que la comparaison de deux désirs. Mais pour que ces désirs aient une portée pratique, il faut évidemment qu'ils *puissent* se satisfaire, qu'ils soient *effectifs*. Qu'importe le désir qu'éprouve un mendiant de posséder les diamants de la couronne ? Il faut qu'on soit capable de faire les sacrifices nécessaires. Ces désirs là seuls ont une influence sur le marché. A ce point de vue on peut dire que la valeur d'échange est la résultante d'un double désir effectif et réciproque.

9. Quand deux personnes se trouvent en présence, l'une convoitant l'objet que l'autre possède, comment va s'établir entre elles l'accord nécessaire pour l'échange ? Il se fera au point précis où leurs sacrifices paraîtront, à toutes deux, égaux aux avantages qu'elles acquièrent. Cette estimation variera infiniment d'après les circonstances de chaque contrat; elle dépendra tout à la fois de l'intensité du désir d'avoir, de l'attachement à l'objet qu'il faut céder, de l'importance relative de ces objets mêmes. Rien n'est donc moins absolu, ni plus variable que la valeur d'une chose *en une autre*, c'est à dire sa puissance d'acquérir une autre chose.

10. Peut-on, d'une manière générale, déterminer les causes qui influent sur ces variations ? Toutes les valeurs ne se trouvent pas soumises à

des influences identiques, et nous distinguerons bientôt à cet égard entre les objets qui peuvent être multipliés indéfiniment et ceux dont la quantité est plus ou moins limitée. Cependant il y a quelques observations générales qui s'appliquent à tout, et qui se résument dans ce qu'on a appelé *la loi de l'offre et de la demande*.

11. Cette formule, analysée avec soin, renferme les éléments généraux de la puissance d'échange. C'est la combinaison du désir des deux parties en cause, c'est l'expression de tout ce que nous avons dit dans ce paragraphe. La *demande*, c'est le désir effectif de se procurer une chose désirée. L'*offre*, c'est sa rareté qui impose certains sacrifices pour l'obtenir. Le point précis où coïncident l'offre et la demande des deux objets en présence, déterminera leur valeur.

12. Le point de coïncidence des désirs variera dans chaque contrat; mais il y a cependant dans l'ensemble de l'humanité certaines appréciations communes qui font que, pour les mêmes espèces, l'offre et la demande, les désirs réciproques sont les mêmes, et il s'établit un prix moyen, une *valeur courante*, basée sur l'estimation du grand nombre, et qui fait la loi ordinaire des contrats.

L'existence de la *valeur courante* n'implique nullement d'ailleurs sa fixité, ni son universalité absolue. Bien des circonstances y peuvent faire déroger; elle constitue seulement la *norme* du marché.

13. La loi générale des échanges, résultat de certains courants connus, est soumise à bien des exceptions, mais on peut la formuler en forme de loi économique, en écartant, par hypothèse, les causes de perturbation. Dans cette hypothèse, cette loi est une de celles auxquelles s'applique le mieux le système mathématique. MM. Stanley Jevons et Léon Walras l'ont fait d'une façon savante et ingénieuse.

Mais s'il y a une formule générale, on aurait tort de vouloir l'appliquer de la même façon à toutes les valeurs. Il y a des mesures très différentes d'après la nature même de l'objet; il faut distinguer à cet égard ceux dont la multiplication est ou non limitée. Nous les étudierons séparément.

14. La notion de la valeur d'échange ou d'achat suppose des transactions assez fréquentes. Tant que le marché est peu actif, la valeur d'usage, l'utilité, est l'élément presque unique de l'estimation. On mesure une chose d'après les services qu'elle peut rendre, sans avoir égard à sa faculté de s'échanger, à sa puissance d'achat. Nous aurons l'occasion de revenir bientôt sur cet aperçu historique. Dans les deux paragraphes qui suivent nous nous mettons au point de vue des marchés contemporains.

§ 3. *La loi des frais de production et son influence sur la valeur.*

15. Les principes énoncés jusqu'ici n'ont pas en toute matière la même application. Nous nous occuperons d'abord des choses dont on peut augmenter indéfiniment le nombre. La concurrence, à leur égard, a libre carrière. Comment va se déterminer le point précis de leur valeur d'échange ?

Le producteur a pour premier intérêt de pouvoir écouler ses produits; mais il doit le faire à un prix rémunérateur, c'est à dire de façon à s'indemniser des frais de production et à faire lui-même un bénéfice honorable.

Pour écouler ses produits, il aura le désir de vendre ses marchandises ; mais ce désir s'arrêtera au point où l'offre qu'on lui fait serait inférieure à son prix de revient. Les frais de production, y compris le bénéfice légitime du fabricant, forment donc le critère naturel du prix des produits.

16. Comment le producteur s'y prendra-t-il pour établir et pour maintenir le prix naturel de sa vente ?

Le calcul du prix d'évaluation n'est point très compliqué pour un homme initié aux pratiques d'un métier. Pour établir un prix de revient, on réunit toute la somme des frais auxquels donne lieu la production d'une quantité déterminée du produit; et on base son prix d'évaluation sur le quotient de cette somme divisée par le chiffre d'unités produites. Dans les grandes industries, on opère d'ordinaire un calcul mensuel du prix de revient; on l'établit pour la tonne de houille, le mètre carré de glace, etc. La plupart des industriels établissent ce prix par voie de calcul direct; quelques-uns, après avoir précisé des termes fixes, ont tracé des *graphiques* permettant de déterminer rapidement l'échelle du prix de revient par le jeu de certaines variables. C'est ce qu'a fait notamment à Mulhouse, M. Gustave Dollfus, pour le prix des filés.

17. Le prix de revient doit, dans l'intérêt du producteur, être dépassé par le prix de vente. Or, dans l'hypothèse de la libre concurrence, chaque industriel n'est pas maître de son prix. Il subit celui du marché. A supposer que les conditions soient égales pour la qualité, la marque et toutes autres causes de préférence, il est clair que le marché se cotera au prix le moins élevé de production. Si les producteurs travaillent à des prix de revient inégaux, ce sera le plus bas qui seul sera rémunéré, à condition, bien entendu, qu'il jouisse de la publicité nécessaire. On ne paie, sur le marché, que les frais *socialement* nécessaires et non ceux d'un producteur individuel. On comprend dès lors l'importance des primes, des lois douanières, etc. qui modifient, sinon le prix de revient de fabrication, au moins le prix de revient de vente. Les frais *socialement* nécessaires sont seuls rémunérés, et ces frais sont ceux du producteur

à meilleur marché, car si on peut produire ainsi une quantité a, on peut produire aussi une quantité $a + n$. Cette influence ne se manifeste pas seulement entre produits identiques, mais aussi similaires ; rien n'affecte davantage le prix d'un produit que celui d'un similaire, d'un succédané, et réciproquement, ainsi le prix du sucre de betterave est impressionné par celui du sucre de canne, aussi bien que par ses propres frais de production. — Bien entendu, en fait, il n'en est pas toujours ainsi ; bien des causes font que des producteurs plus chers conservent la clientèle soit par habitude soit parce que leurs concurrents ne sont point connus, ou point à la mode, etc. Il ne faut pas croire que les faits économiques se produisent avec une exactitude mathématique.

18. Le prix de vente se mesure-t-il toujours aux frais de production? — Il devrait toujours les dépasser légèrement pour assurer un bénéfice convenable au producteur diligent. Mais, en fait, ce niveau normal ne se maintient pas toujours. C'est le niveau normal, car si la vente se faisait régulièrement en perte, la production cesserait par la faillite ou la suspension d'affaires des producteurs. Mais il y a de fréquentes oscillations. Quelle en est la cause? Voici : Sous le régime de la concurrence, chacun cherche à écouler le plus possible de ses produits. Le prix tombe donc à la limite des prix de revient. Si la demande se soutient au niveau de la production, cela ira bien.

Mais la demande peut faiblir; l'offre aussi peut s'exagérer. Un producteur irréfléchi, dans le désir de vendre plus, peut produire trop. Dans ce cas, la satiété se produit; il y a *sur-production*, la vente s'arrête et les prix s'effondrent.

19. La *sur-production*, dira-t-on, est-elle possible? Quel intérêt y a-t-il à *trop* produire?—Certes, si tous les producteurs avaient la parfaite sagesse, cela n'arriverait point, mais quand les prix baissent, chacun espère vendre plus que son concurrent et produit de plus en plus pour vendre avant lui. Sans doute, ainsi il précipite la baisse, mais son intérêt immédiat l'aveugle. D'ailleurs, à part même cette imprudence très commune, il faut reconnaître qu'il est souvent malaisé d'apprécier le point exact où il faut s'arrêter. Il n'y a pas de *gradimètre* précis de la demande et le coup d'œil n'est pas donné à tous. Quand on considère la variété et les caprices de la demande surtout pour certains produits, on se prend encore à admirer comment l'adaptation approximative qu'on constate parvient à s'établir. Un économiste anglais qui a attentivement analysé ces phénomènes, P. J. Stirling, après avoir constaté leur complication croit cependant trouver un moyen pratique de les mesurer.

20. Lorsque le prix d'une marchandise est au-dessus du prix normal, dit-il dans sa *Philosophie du commerce,* la concurrence vient à l'instant réduire le prix, et la réduction de prix augmente la

consommation ? En effet des personnes qui n'eussent pas sacrifié l'ancien prix pour satisfaire leur désir, consentiront au prix réduit. Tant que ce phénomène continuera, et qu'à une baisse de prix, bien que toujours supérieure au prix de revient, correspondra une demande additionnelle, on peut continuer à produire. Là sera l'épreuve de l'*extensibilité* de la demande. Mais ce *gradimètre*, assez facile peut-être à consulter pour les industriels en monopole, l'est bien moins dans la concurrence; et de fait, si même ils le consultent, beaucoup le font mal ou négligent ses indications. De là une surproduction fréquente qui provoque des *crises*.

21. Bien des fois, cependant, on a constaté et ressenti les inconvénients de la surproduction. Pour certaines industries, outre la perte résultant de la baisse du prix et de l'emmagasinage d'un *stock* considérable, il peut y avoir des inconvénients tout spéciaux, tel est le cas pour les mines qu'on épuise par une prodigalité imprévoyante.

22. La gravité du mal en a fait rechercher les remèdes, mais ils sont malaisés sous le régime de la libre concurrence, et chaque producteur rejette sur l'autre la responsabilité d'un excès, contre lequel il dit ne pouvoir se défendre qu'en l'imitant. L'ancien régime résolvait la question en supprimant la concurrence elle-même. Le principe en cette matière était que tout producteur doit pouvoir vivre de sa profession, et tout maître se suffire par son métier ; à cet effet la corporation limi-

tait le nombre des producteurs et tarifait les prix (déclaration des tisserands de Francfort s/m, 1377). Ce système est abandonné aujourd'hui.

22. Depuis quelques années, les inconvénients d'une concurrence immodérée devenant trop flagrants, on a cherché par des moyens détournés à les enrayer. Diverses industries ont organisé dans ce but des coalitions commerciales de diverses espèces. Il existe en Allemagne, Angleterre, Belgique plusieurs syndicats *(kartelle)* de ce genre qu'ont mis en lumière MM. Rudolph Meyer, Fr. Kleinwächter et G. Salomon. Les uns, comme les propriétaires du bassin houiller de la Rühr, limitent par convention le chiffre de la production; d'autres fixent de même un prix minimum, comme les marchands de fer de Haute Silésie; d'autres encore, comme le syndicat international des rails, joignent à ces conventions une répartition des commandes par laquelle chaque groupe a une part de proportion fixe et renonce à faire concurrence aux autres. Ces tentatives sont ingénieuses et, dans leur but avoué, ne veulent que maintenir un prix convenable et rémunérateur sans exploiter le marché; mais, presque tous les syndicats périssent par le désaccord de leurs membres et l'inexécution des engagements qu'ils ont pris. Pour être efficace, la coalition devrait être sincère, loyale et unanime. Elle ne l'est presque jamais; tantôt il y a des dissidents; tantôt on viole clandestinement les règles; tantôt, enfin, un

des producteurs découvrant un procédé nouveau, se retire dans l'espoir d'un plus gros profit. Dès lors, l'effet est manqué. Le remède n'est donc pas suffisant. Enfin, ces syndicats sont très exposés à violer les règles du *juste prix*, et les principes théologiques sur les monopoles. Nous ne faisons que signaler ce dernier point, laissant à la théologie le soin de le trancher.

23. Des causes accidentelles peuvent, à un moment donné, inonder le marché d'un produit spécial et en faire tomber le prix. C'est le cas d'une vente en masse de marchandises en liquidation ; une offre subite et considérable doit nécessairement produire ce résultat. La multiplicité de pareilles ventes pourrait être ruineuse. Aussi la loi, qui cependant gêne si peu les allures du commerce, a-t-elle défendu « les ventes en détail de marchandises neuves à cri public, soit aux enchères, soit au rabais, soit à prix fixe proclamé, avec ou sans l'assistance d'officiers ministériels », excepté dans quelques cas spéciaux et notamment celui de vente par autorité de justice. Loi belge du 20 mai 1846.

24. Malgré les causes qui provoquent des perturbations dans les prix de concurrence, le prix de revient n'en reste pas moins le centre normal autour duquel ils gravitent. Il est difficile qu'ils se maintiennent soit au-dessus, soit en-dessous, d'une manière notable et persistante. En effet, si les prix dépassaient le taux normal, de nouveaux capitalistes, alléchés par les produits de cette industrie, s'y porteraient sans retard ; si, au contraire, les prix avaient un niveau inférieur, les bénéfices seraient impossibles ; l'offre se contracterait : il y aurait une crise, une lutte pour l'existence entre les producteurs de l'espèce, où les plus faibles failliraient. Cette crise est la conséquence inévitable d'une surproduction continue. Le marché est très capricieux et incertain ; il y a toujours des oscillations ; mais le niveau général tend toujours à se rétablir, comme « l'océan, dit J. Stuart Mill, tend partout à reprendre son niveau, mais jamais ne le garde exactement ; sa surface est toujours ridée par les vagues et souvent agitée par les tempêtes ».

25. On voit par ce qui précède que la valeur d'usage n'a sur le prix des produits qu'une influence très variable bien que très réelle. Il est toujours vrai, et on aurait grand tort de le nier, que l'utilité vraie ou supposée demeure la raison d'être de toute valeur, mais la concurrence, par les causes que nous venons d'exposer, introduit dans les calculs un élément nouveau qui sert de mesure et de limite aux sacrifices de la demande.

§ 4. *Prix des choses dont la quantité est limitée. Monopoles.*

26. Les conditions de l'approvisionnement modifient le jeu des valeurs sur le marché. Les *monopoles*, quelles que soit leur intensité et leur na-

ture, ont une forte influence sur les prix. Or il y en a une foule. Il y a d'abord le cas, le plus absolu, d'un producteur unique disposant seul de la marchandise désirée. Il y a aussi une multitude de monopoles moins complets : la faveur accordée à une marque ; le bénéfice d'un secret de fabrication ; puis encore l'impossibilité matérielle de multiplier indéfiniment l'objet demandé, comme les produits du sol, les pierres précieuses, les tableaux de maîtres, etc.

27. Le monopoliste est-il *maître* du marché ? Pas absolument. Sa puissance a une limite dans le désir de l'acquéreur. Certes le propriétaire d'un tableau de maître a le pouvoir de tenir la dragée haute au collectionneur ; mais il y a une mesure à la volonté comme aux moyens de celui-ci. D'autre part, sa puissance dépend aussi du désir qu'il a lui-même de se débarrasser de la chose. Il y a des choses qui, en elles-mêmes, sont hors de prix, sans valeur courante, et pour lesquelles la fixation d'une valeur est très malaisée. Il en est d'autres dont la haute valeur temporaire résulte uniquement du fait du monopole, comme c'est le cas si un groupe de commerçants accapare tous les produits similaires d'un marché. Il est des choses pour lesquelles le monopoliste pourra se faire payer fort cher ; il en est d'autres dont la consommation se passera.

28. L'influence de la limitation de l'offre n'est donc point la même pour tous les objets ; elle

dépend de l'intensité même des désirs que provoque l'objet. C'est ainsi que le déficit dans la production des récoltes fait monter le blé à des taux exorbitants par la crainte qu'éprouve chacun d'être privé de pain. Sans admettre exactement l'échelle de progression que King a voulu tracer au XVIIe siècle, il est certain, cependant, comme le constate Tooke, dans son *Histoire des prix*, que la hausse est bien plus que proportionnelle au déficit. C'est ainsi qu'à la suite des funestes mesures du gouvernement révolutionnaire, le sac de blé, au lieu de 50 francs, valait à Paris 65 francs en février 1793 ; en mai 100 francs, puis 150.

29. Comment un producteur, maître de ses prix, va-t-il les fixer ? — Supposons désormais non le détenteur d'un objet rare et précieux, mais un vrai producteur désireux par conséquent de vendre son produit. Son monopole peut être plus ou moins intense : un monopole légal, comme le fut, par exemple, celui de l'acier Bessemer ou tout autre brevet d'invention; comme l'édition d'un livre protégé contre la contrefaçon; ce peut être aussi une simple faveur de la mode accordée à sa marque. Il devra disposer ses prix de façon à ce que le sacrifice qu'il demande au public ne soit pas tel qu'il le détourne et tue la clientèle. L'épreuve lui sera assez aisée. Il pourra commencer assez haut et abaisser progressivement pour juger du prix le plus favorable. Il n'y a point ici d'ailleurs de règle universelle à

poser; c'est au coup d'œil de chaque industriel à saisir sa mesure. La faveur d'une marque est chose bien capricieuse et changeante, comme la mode et l'humeur du public. L'éditeur du livre fera sagement d'amortir son édition sur les premières centaines, au coup de feu de la réclame; il en est de même d'un article nouveau de luxe, car l'intérêt une fois détourné et le goût changé, la vente cesse. Et ainsi de suite. Les produits solides de consommation permanente, au contraire, n'ont pas besoin de ces *trucs* de comptabilité et s'écoulent. Il n'y a pas de recette générale. Parmi ces monopoles, qui s'élèvent au sein de la concurrence, il en est parfois d'ordre purement moral, comme la réputation d'honnêteté, de perfection d'une marque ou d'une firme. On ne peut calculer la portée de monopoles de cette nature.

En tous cas, les monopoles qui foisonnent à chaque pas, sur le marché le plus libre, impressionnent d'une manière très sensible l'échelle des prix. Le producteur devra toujours tenir compte de la règle du juste prix que nous indiquerons bientôt.

§ 5. *Aperçu historique de la théorie des valeurs.*

30. Cette histoire est longue; il serait assez oiseux de faire défiler la série des systèmes, si de leur critique ne pouvait jaillir quelque lumière précieuse. Bornons-nous donc aux plus importants.

31. La théorie de la valeur, la plus ancienne au point de vue historique, attribue toute la valeur à l'utilité. Les choses ne valent que par leur applicabilité aux besoins de l'homme ; cette utilité se confond avec leur valeur. Tous les économistes qui ont étudié l'histoire des doctrines, Cusumano et Loria en Italie, Endemann et von Inana Sternegg en Allemagne, ont fait ressortir ce caractère de la valeur dans l'économie primitive ou naturelle, *naturalwirtschaft*. Dans notre étude sur *l'économie sociale au moyen âge* nous avons prouvé cela, textes à l'appui, en commentant la théorie de J. Buridan, recteur de Paris au XIVe siècle. Cette théorie, qu'on a parfois reprochée au moyen âge comme un signe d'ignorance, était, au contraire, fort bien adaptée aux conditions économiques d'une époque où la concurrence était presque inconnue, où le marché était restreint. La notion de l'utilité directe de la chose est tout, la conception de la valeur elle-même représentée par la chose, est absente. L'*indigentia humana* est la seule mesure naturelle. Cette théorie est donc en parfait accord avec la situation économique d'alors. Remarquons d'ailleurs que les docteurs de cette époque prenaient pour mesure non l'*indigentia* individuelle, mais l'*indigentia communis* des personnes du même marché.

Comme le remarque très justement M. Loria, plus on remonte vers les époques où la concurrence n'est point encore à l'état de phénomène social général, plus les théoriciens attachent d'importance à l'utilité dans la théorie des valeurs.

32. Plusieurs auteurs modernes, notamment l'Allemand Knies, ont donné à la valeur d'usage une grande influence sur la valeur d'échange. Pour nous, comme l'a prouvé notre analyse, l'utilité est la raison d'être de la valeur; sans elle, il n'y aura pas de valeur, mais elle n'en est pas la mesure unique.

33. La doctrine de l'utilité directe eut longtemps la préférence. Comme toujours, ce furent les phénomènes nouveaux, le développement de l'industrie et des transactions qui provoquèrent de nouvelles analyses scientifiques. De bonne heure, et déjà chez Buridan, l'idée de la *rareté* s'était fait jour; la rareté, expliquait-il, augmente l'*indigentia*. Locke devait reprendre cette idée de la rareté et en faire l'élément unique de la valeur. Mais de bonne heure aussi, l'attention des docteurs se porta sur cet élément, si important, des frais de production. Nous le trouvons déjà signalé au xve siècle par Bernardin de Sienne qui indique l'utilité, la rareté et les frais de production (labor et industria) comme éléments de la valeur; mais la théorie ne se développa et n'eut droit de cité qu'au xviiie siècle, pour être définitivement mise en lumière dans le nôtre, sous des aspects divers et avec des controverses encore vives.

34. La portée des mots *frais de production* a elle-même donné lieu à de grands débats. Au lieu

de comprendre, dans ce mot, tous les frais nécessaires, des auteurs célèbres ont fait reposer longtemps toute la valeur dans la quantité de travail nécessaire pour produire la chose. Quelques anciens avaient soutenu cette thèse, qui a été exposée par Galiani, Smith, Ricardo, et que Carl Max et Lassalle ont reprise à des points de vue divers, en l'exagérant. Tout en prétendant que la valeur provient de la quantité de travail, Ricardo admet que l'accumulation des capitaux a apporté à cette règle des modifications considérables et altéré sa simplicité, sans en entamer le principe. Mais Marx, reprenant cette idée, proclame que la quantité de travail seule fait la valeur ; que s'il y a une différence entre le prix et les frais, cette différence provient uniquement des salaires dont le taux est inférieur au *quantum* de travail, pour laisser la marge à un bénéfice. Nous avons déjà rencontré ce système à propos du salaire. Il faut d'ailleurs remarquer que Marx l'expose sans le démontrer. On peut encore le réfuter par ces considérations de fait : Si le profit ne se prélève que sur le travail, il sera proportionnel au nombre des ouvriers, augmentera avec lui, et l'industrie mécanique ne résistera pas. En pratique, on ne peut guère calculer le *quantum* de travail. Il n'est pas exact que les choses qui exigent le travail le plus long soient toujours les plus chères, ni qu'au même travail le prix soit toujours égal. Enfin si le système était vrai, toute dépréciation serait impossible. Il est vrai que Lassalle admet bien des exceptions ; la loi du *quantum* de travail n'est vraie que comme équivalent de notre loi du coût de production. Il faudrait qu'on apportât des preuves de cette théorie, que contredisent les faits, et qui brillamment *exposée*, n'est cependant pas *démontrée* par ses auteurs. Stuart Mill, tout en soutenant que le travail est beaucoup dans le coût de la production, y fait aussi place aux profits industriels et au revenu du capital. C'est aussi la remarque de J. B. Say, dans ses notes sur Ricardo. Tous les éléments de la production, dans des proportions variables, coopèrent à créer la valeur.

35. Nous ne pouvons analyser ici toutes les nombreuses conceptions de la valeur, émises par les économistes de tous les siècles. Outre ceux que nous avons indiqués jusqu'ici, on pourrait, si l'on faisait l'histoire, exposer, après les anciens, les théories modernes de J. B. Say, de Bastiat sur l'équivalence des services qui ne peuvent s'apprécier eux-mêmes que par une autre mesure, de Ferrara, de Nazzani, et la théorie mathématique de Jevons et Walras que nous avons déjà citée. Nous devons nous arrêter ici, ayant dit assez pour préciser la notion pratique de la valeur.

§ 6. *Du juste prix.*

36. La notion du juste prix n'a plus droit de cité parmi les économistes. C'est l'élément moral

de l'échange. Généralement, dans une vente, chacun désire faire un marché avantageux, s'il le fait, c'est qu'il le juge tel, et que, pour lui, la possession de l'objet acquis est préférable à celle de l'objet ou de l'argent cédé en échange. Sans cette préférence réciproque les contrats ne se feraient pas. Mais chaque contractant a d'ordinaire aussi la volonté de ne faire que les sacrifices nécessaires, même pour ce qu'il désire le plus de posséder. Si donc on lui impose des sacrifices exorbitants et qu'il les acquitte de bonne foi, il se trouve lésé. Il est certain, en effet, que s'il eût su qu'il pouvait se procurer la chose à moins de frais, il l'eût préféré. Il se trouve dans la disposition de payer $a + n$ pour avoir la chose, s'il le faut, mais de préférer l'avoir si possible au prix de a seulement. Si, au contraire, il avait soldé $a + n$ en parfaite connaissance de cause, il ne serait plus lésé ; il ne devrait s'en prendre qu'à lui-même, car : *scienti et volenti non fit injuria*. Le roi de Prusse eût volontiers payé le moulin de Sans-Souci au décuple de sa valeur.

37. Mais quand les sacrifices seront-ils exorbitants et quand le prix cessera-t-il d'être juste? Tous les théologiens exigent que le prix soit juste. Ils sont unanimes, et avec raison, mais quel sera le juste prix? D'abord le prix légal, s'il y en a un ; il y a présomption que l'autorité sociale connaît la valeur et, au moyen âge, on sait combien la législation industrielle veillait à l'honneur

des métiers. A défaut de taxe légale, il fallait un autre critère et sans doute il était plus malaisé à fixer. Mais il y avait des règles que nous allons indiquer brièvement et qui sauvegardaient la loyauté et l'équité des contrats. Schönberg, Janssen et bien d'autres, ont fait ressortir la haute portée de cette doctrine dans l'économie de cette époque.

38. Le juste prix vulgaire dépend dans la pensée des docteurs, de la commune estimation. C'est elle qui détermine le mieux l'égalité qui doit exister entre la chose et le prix, c'est à dire entre les deux parties. Mais cette estimation n'est point d'une précision mathématique. Il y a au *justum pretium* une certaine latitude, à cause même de la difficulté de sa détermination. *Non est punctualiter determinatum, sed magis in quadam estimatione consistit* (S. Thomas d'Aquin, S. Th. 2. 2. q. 77 a. 1). Aussi y a-t-il un *justum pretium, infimum, medium et summum*. Une série de circonstances peuvent influer sur le prix, et en rendre licite la hausse ou la baisse. Les docteurs prévoient plusieurs de ces circonstances auxquelles ils prescrivent qu'il faut avoir égard dans l'estimation. A défaut de juste prix vulgaire, les choses qui sortent de l'estimation commune, semblent devoir se taxer par l'appréciation des gens compétents, bien que, d'après plusieurs, il y ait alors liberté de prix. Cette loi du juste prix n'a donc rien de tyrannique. Elle se borne à mainte-

nir l'égalité dans un contrat fait dans l'intérêt de tous. Nous ne pouvons entrer d'ailleurs dans la casuistique morale du juste prix. Bornons-nous à signaler son principe. Il entrave l'exploitation du consommateur dans le prix et les abus du monopole et protège les transactions honnêtes, bien loin de leur nuire. Tous les docteurs, depuis les plus anciens, tels que S. Raymond de Pennafort, puis S. Thomas d'Aquin jusqu'aux modernes, comme le cardinal de Lugo, Molina, S. Alphonse de Liguori, et aux contemporains comme Gury, d'Annibale et Jouin, tiennent la même doctrine commune en ne variant que sur les applications d'espèces. Les monopoles artificiels destinés à rançonner les consommateurs sont sévèrement interdits. De même, et par la même doctrine morale, ils imposent la sincérité dans le caractère de la marchandise elle-même et garantissent la haute loyauté des transactions dans les sociétés chrétiennes.

39. Comment appliquer le juste prix à celui qui, seul maître des prix grâce à un monopole quelconque, peut les fixer à sa guise; comment l'appliquer d'une manière générale à la tarification d'une marchandise nouvelle sur le marché? Le producteur et les gens compétents devront apprécier les circonstances. Ils devront se régler d'après les éléments mêmes qui constituent la valeur; ils pourront demander la compensation des frais qu'ils ont faits et la rémunération des

peines qu'ils se sont données. Ce doit être une rémunération convenable, dépendant de la moyenne des profits dans le même genre de travail et des circonstances de temps et de lieu, sans rechercher des lucres énormes. Il y a là encore une question d'estimation et de modération pratique : *in quadam estimatione consistit*.

40. Le juste prix n'est pas exigé par la loi civile moderne. Elle se borne à réprimer la fraude. En droit romain, une constitution de Dioclétien avait introduit le principe de la rescission pour lésion d'outre-moitié, que le code civil a réduit au cas de sept douzièmes (art. 1674 du Code civil). En déans ces limites, la loi civile ne tient pas compte de la lésion. Mais la tolérance de la loi civile n'est point un argument. S. Thomas d'Aquin le dit bien expressément à ce propos; car tout ce qui n'est pas défendu par elle n'est point pour cela honnête. La règle civile, dit au XIIIe siècle Henri Goethals, le docteur solennel, fait bien de disposer ainsi pour la stabilité des contrats; mais ce n'est point pour cela permis en conscience. Le principe « *res tanti valet quanti vendi potest* » n'est donc qu'une vérité de droit positif, nécessaire pour maintenir la foi des contrats, où l'on est censé s'accorder sur une estimation approximative de l'égalité, en tenant compte des circonstances de temps et de lieu. Les jurisconsultes anciens soutiennent la même thèse qui est notamment défendue par Pothier. La loi

civile elle-même reconnaît d'ailleurs en certains points la théorie du juste prix distinct du prix convenu; non seulement aux cas de lésion, mais dans les cas, par exemple, où le fisc réclame l'expertise d'un bien vendu pour faire augmenter ses droits, etc.

41. Telle est, dans ses grandes lignes, la doctrine du juste prix à laquelle MM. Janssen, Endemann et Cusumano ont fait avec raison une large place dans leur histoire des théories économiques. On voit qu'elle ne heurte aucun système sur la valeur et exclut même son analyse pour s'en tenir à l'estimation commune ou à la décision de l'autorité, tout en ayant égard aux circonstances. *Apage ceterum pretii definitiones*, dit expressément d'Annibale.

42. L'honnêteté ne défend pas seulement de tromper sur le prix, elle défend aussi, évidemment, de tromper sur la qualité de la marchandise. La contrefaçon, les falsifications sont aussi contraires à la loyauté commerciale, quoique la pratique s'en soit répandue d'une façon déplorable dans tout le commerce, et même d'une manière particulièrement nuisible dans celui des denrées alimentaires. Ici encore, le moyen âge prenait un soin attentif de l'observation de la justice et de l'équité dans les contrats. Donner pour une denrée ce qui n'en est pas; pour une matière pure ce qui est mélangé, est une tromperie souvent coupable, bien qu'excusable dans certains cas, qui

se pratique chaque jour et que les lois ont la plus grande peine à réprimer. Le code civil Napoléon, par la théorie de la garantie des vices cachés et l'action redhibitoire, la loi du 25 août 1885 spéciale aux vices redhibitoires des animaux domestiques ; le Code pénal de 1867 aux art. 454 et suiv., 498 et suiv., telles sont les principales mesures de la législation belge ; mais elles sont loin de prévenir ou de réprimer tout le mal. Les plaintes sont fréquentes et justifiées et on entend réclamer sans cesse des répressions nouvelles. Le gouvernement a travaillé à ce qu'on applique avec sévérité le texte légal du Code pénal ; les particuliers se sont organisés de même en syndicats pour se protéger contre la fraude, spécialement à la campagne, en ce qui concerne les engrais artificiels ; on a créé des laboratoires agricoles pour constater les dosages. Toutes ces mesures sont excellentes, mais la tromperie est partout. Nous ne disons pas que *toute* vente d'une marchandise non pure ou parfaite soit coupable ; ce serait exagéré. La coutume du marché peut être telle que le prix courant soit réglé sur le mélange et que le vendeur ne puisse livrer du pur sans subir un préjudice. Il peut en être ainsi ; cela dépend des marchés. L'acheteur, en ce cas, sait fort bien que ce qu'il achète n'est pas pur. Il n'y a donc pas de tromperie, à condition que le mélange ne soit pas nuisible. Il est évident d'ailleurs qu'une altération nuisible au consommateur est toujours inexcusable, comme c'est souvent le cas en matière alimentaire. Mais souvent aussi, on trompe vraiment et sans excuses ; on vend, sans crainte, des choses fausses, recherchant ainsi des bénéfices illicites. Il faut à ce propos proclamer la morale des affaires et des échanges, trop souvent sacrifiée à la cupidité et au désir de faire une rapide fortune, élevée, selon le mot du cardinal Pie, sur les ruines de la probité et sur celles de la religion.

43. M. de Laveleye rend impartialement hommage à la doctrine des moralistes. « Les économistes modernes, dit-il, n'admettent pas la notion du juste prix. D'après eux, le prix accepté par les deux parties est toujours juste. C'est qu'ils font dériver le droit de la convention, tandis que, en réalité, la convention doit se conformer au droit. De ce dernier principe découlent ces maximes de la probité pratique acceptées par les marchands honnêtes : il faut toujours donner à chacun pour son argent et ne jamais tromper sur la qualité de la marchandise. »

44. Dans ce qui précède, nous n'avons fait que tracer, d'une manière générale, les strictes règles de la justice dans l'échange, dont la violation entraînerait le devoir de restitution. Il est clair que la charité peut souvent conseiller et même imposer de renoncer à la rigueur du *summum jus*, en matière de prix comme en toute autre. Il est nécessaire de signaler ici la loi de la charité, mais il est impossible d'en énumérer les applications innombrables.

CHAPITRE II. — Le mécanisme des échanges. — La monnaie.

§ 1. Les formes primitives de l'échange.

45. L'échange existe dans les sociétés peu compliquées, mais son mécanisme n'est pas le même partout. Sa forme première est l'échange simple : le *troc*. Chacun cherche à se procurer ce qui lui est nécessaire en compensation de ce qu'il apporte. C'est souvent difficile à trouver. Aussi cherche-t-on à réserver ses opérations pour les jours de nombreuses réunions, de *marché*. «Règle générale, dit Livingstone, en parlant des indigènes du Congo, ils aiment mieux vendre au marché... Jour de marché! Quelle scène active. Les marchands de poissons courent çà et là portant des brochettes de petits silures fumés... qu'ils échangent pour des racines de manioc... des pommes de terre ou pour des bananes, du sel, etc. Ils sont tous empressés de troquer... et chacun se débat... Une masse de denrées et d'articles de ménage ou de toilette sont troqués les uns contre les autres à plusieurs reprises... Il y a là des gens qui viennent de loin! » Voilà le système primitif.

46. Le *troc* a bien des inconvénients pratiques qu'on a souvent indiqués et qui résultent de ce tableau. Il y a le défaut de coïncidence dans le désir des personnes qui échangent; celui qui offre

du blé n'a pas toujours besoin du produit de celui qui en désire; comment s'entendre? Puis la mesure commune est malaisée à trouver; comment faire la proportion des objets échangés, et, si l'on y arrive, pourra-t-on toujours les diviser aisément? Ce sont de grosses difficultés; et on comprend qu'il faille la foule des offrants d'un marché pour faire cela avec avantage. Mais cela ne peut pas suffire longtemps aux besoins des transactions.

47. Pour éviter ces difficultés, presque tous les peuples recourent à un intermédiaire des échanges. Cet intermédiaire dont la forme est très variable remplit différentes fonctions. Il sert non seulement de *medium*, mais aussi de commune mesure aux valeurs échangées. Il sert aussi à permettre l'emmagasinage de la richesse. C'est tout à la fois l'intermédiaire des échanges, le commun dénominateur des valeurs échangées et l'accumulateur de la richesse.

48. La forme de ces intermédiaires est très différente. Elle dépend de chaque état social. Il faut, en effet, pour remplir ce rôle, trouver une marchandise que tout le monde accepte aisément, qu'on connaisse et apprécie de même, qui ait une valeur suffisante pour garantir chacun contre des dépréciations rapides et considérables. Chaque groupe social choisit instinctivement une marchandise appropriée à sa situation. La plupart des pays ont un intermédiaire, même lorsqu'ils

usent encore largement du troc. C'est ainsi qu'on signale les peaux et les fourrures en Amérique, souvent des coquillages, surtout des espèces spéciales et rares, comme chez les Peaux-Rouges et en Afrique, au XVIe siècle au Congo, où, depuis le contact des Européens, les verroteries les ont remplacés, etc. Beaucoup de peuples pasteurs calculaient en têtes de bétail; il nous en est resté plus d'une trace, notamment dans le mot latin *pecunia*, souvenir de l'ancien système d'échange de troupeaux. François Lenormant, dans son savant ouvrage sur *La monnaie dans l'antiquité*, donne de curieux détails sur les évaluations en bétail chez les peuples primitifs, surtout chez ceux de la race aryenne, comme sur toute l'histoire des échanges anciens. Ces intermédiaires ne sont point encore de la monnaie. Ils n'en sont que le germe. Souvent même, l'étalon, si étalon il y a, n'est pas unique, et divers articles de toilette, la poudre, les armes circulent simultanément. Tout cela n'a d'ailleurs aucun caractère officiel.

49. Les intermédiaires métalliques se montrent d'assez bonne heure. Dans beaucoup de pays on reconnut les qualités des métaux qui les désignent à cet usage. Ces qualités ne sont pas égales chez tous les métaux, mais telles cependant que leur usage est presque universel. Ces qualités, cent fois indiquées, sont réunies par Stanley Jevons en sept principales : utilité et valeur intrinsèque sans laquelle on n'accepterait rien comme garantie

d'échange; facilité de transport; indestructibilité; homogénéité; divisibilité; stabilité de valeur; caractères aisément reconnaissables. Tous les métaux sont loin de réunir également toutes ces qualités; mais le cuivre, l'or et l'argent les réunissent le mieux; ces deux derniers y joignent l'avantage d'emmagasiner une haute valeur sous un petit volume. Tous ces avantages font de l'or et de l'argent, selon l'expression de Turgot, les monnaies naturelles des sociétés compliquées.

Les premiers intermédiaires métalliques, comme l'observe très bien Lenormant, ne sont pas encore de la monnaie proprement dite. Ils circulent d'abord sous forme de lingots, pesés à chaque transaction; c'est la vente *per aes et libram*. C'est ainsi que nous trouvons l'*outen* de cuivre de l'antique Egypte, l'*aes rude* de l'Italie primitive, et enfin les anneaux d'or chez plusieurs peuples.

§ 2. *Nature de la monnaie.*

50. Les Grecs, en la personne de Phidon d'Argos (8me ou 9me siècle avant J.-C.), et les Lydiens, en celle du roi Gygès (7me siècle) se disputent l'honneur de la première *vraie* monnaie. Le trait de génie qui créa la monnaie, fut la garantie officielle du poids et du titre par l'empreinte, qui délivra des embarras de continuels mesurages et détermina le cours légal. Certes il y a loin des anciennes monnaies poinçonnées, à la perfection

de nos modules actuels que l'empreinte couvre tout entiers. Mais le principe demeure et il ne peut être question de pénétrer ici dans l'histoire, plus numismatique qu'économique, des types monétaires.

51. Ce qui caractérise essentiellement la monnaie proprement dite, c'est la *garantie officielle* du titre et son *cours légal* dans le pays.

Il y a, au sujet de la nature économique de la monnaie, certaines remarques essentielles qu'il faut mettre immédiatement en lumière.

52. *a) La monnaie est marchandise.* Le caractère de *monnaie* imprimé aux intermédiaires d'échange n'altère pas la nature de ceux-ci. Ce ne sont toujours que des marchandises, jouant dans l'économie de la circulation un rôle particulier que nous avons déterminé. Ce rôle, leur ouvrant un emploi considérable, leur donnant un grand surcroît d'usage, augmente leur valeur, mais ne la crée point. La monnaie est toujours une marchandise, et la raison d'être du service qu'elle rend, se trouve dans sa valeur commerciale. Celle-ci dépend d'une foule de causes, comme toutes les valeurs, mais non du gouvernement. Celui-ci ne peut *créer* une valeur et, sauf des cas exceptionnels que nous examinerons, ne peut pas non plus donner à la monnaie une valeur artificielle. Il en résulte que la valeur de la monnaie est variable, comme toute valeur.

53. *b) La monnaie est une mesure.* Une me-

sure variable n'est certes pas un idéal; une bonne mesure doit être fixe; mais on ne peut mesurer une chose que par une autre de même nature. Il faut mesurer une longueur par une longueur, et une valeur par une valeur; or, il n'y a pas de valeur fixe, c'est la quadrature du cercle. On prend donc celle qui présente le plus d'avantages et on tâche qu'elle soit aussi fixe que possible.

54. *c) Monnaie n'est pas richesse*. La monnaie, bien qu'ayant une valeur par elle-même, n'est cependant pas capable de satisfaire à tous les besoins de l'homme. Son usage, bien qu'important, est limité. Elle n'a de valeur que par cet usage et, loin de remplacer les autres biens, sert surtout à les acquérir. Aussi, s'il est très important pour un particulier d'avoir beaucoup de monnaie, ce l'est bien moins pour un Etat, dès que la quantité qu'il possède suffit à ses transactions. S'il en a trop, le métal se déprécie, et voilà tout. N'avoir *que* de la monnaie ne vaudrait pas mieux que de n'avoir *que* du poivre ou des fourrures. Cela n'empêcherait pas de périr. On a rappelé souvent à ce propos, et avec justesse, la fable du roi Midas qui transformait en or tout ce qu'il touchait, même ses aliments, et qui mourait de faim. Cette erreur, qui paraît bien claire, a cependant longtemps servi de base à la politique économique des nations. Montesquieu a fort bien montré que l'Espagne a perdu, par cette erreur, une grande partie des avantages provenant des mines coloniales au XVIe siècle.

55. *d) La monnaie n'est pas une marchandise comme les autres.* Il n'y a aucun avantage pour un Etat à posséder de la monnaie en quantité indéfinie. Mais il importe beaucoup qu'il y en ait assez pour les besoins des transactions. Cette proportion n'est pas la même partout. Les pays qui font le plus d'échanges ne sont pas ceux qui emploient le plus de monnaie ; cela dépend de la rapidité avec laquelle l'argent lui-même circule. Une pièce qui circule rapidement se multiplie, selon la comparaison d'un ancien économiste italien, Bandini, comme une pièce à laquelle on imprime un fort mouvement giratoire trace une sorte de cercle métallique. L'Angleterre a une circulation très rapide et relativement peu de monnaie. L'usage du crédit est très important à ce point de vue. Sous l'ancien régime, la monnaie devait être plus abondante relativement qu'aujourd'hui et on pouvait craindre davantage les insuffisances monétaires ; c'est ce qui explique dans une certaine mesure le *système mercantile* dont nous parlerons plus loin. L'exportation du numéraire a encore parfois ses inconvénients. Nous y reviendrons.

§ 3. *La monnaie et la loi.*

56. Le droit de monnayage a toujours été considéré comme un droit souverain ; c'est un attribut de la puissance publique qui seule peut garantir efficacement l'authenticité de la monnaie et lui donner cours légal. L'autorité y imprime sa marque par l'empreinte dont la contrefaçon est punie des peines les plus graves. C'est le pouvoir qui détermine le système économique et la forme monétaire. C'est sous sa haute surveillance, et généralement dans ses ateliers, que s'en font la frappe et l'émission.

57. Le pouvoir n'est cependant point le maître de la monnaie, son créateur. La valeur de la monnaie est antérieure à l'action de l'Etat; elle existe par elle-même. Il ne peut dépendre de la loi d'attribuer une valeur fictive aux pièces de monnaie, ni de surfaire leur cours. La monnaie n'est qu'une marchandise et subit comme telle la loi générale des valeurs. Sans doute, un métal monnayé vaut plus que ce même métal simple, car la frappe même lui donne une utilité de plus; un métal employé comme monnaie acquiert aussi, même en lingot, un surcroît de valeur par ce que le fait de cet emploi augmente la demande; mais la loi ne peut artificiellement dépasser le taux naturel. Le prix des choses se règle toujours d'après la valeur *réelle* de la monnaie, et non d'après sa valeur nominale. Cette théorie générale, qui n'est plus guère contestée, donne lieu à quelques remarques historiques et à des exceptions aussi importantes que curieuses.

58. Au moyen-âge, plusieurs princes abusèrent de leur pouvoir pour diminuer le titre de la mon-

naie. La vraie théorie n'en était point encore bien dégagée, et l'habitude des gouvernements de bénéficier sur les émissions était fort générale. Saint Louis IX, roi de France, avait donné à son pays de loyales monnaies que ses successeurs ont altérées. Philippe le Bel a gardé, sous ce rapport, le plus fâcheux renom. Cette funeste erreur était alors très répandue. C'est en vain que l'expérience démontrait l'inanité de ces mesures et que le prix des choses s'obstinait à monter, en dépit des ordonnances, au niveau de la valeur réelle. Au XIVe siècle, commence à s'exprimer nettement la vraie théorie monétaire, dans les écrits de Nicole Oresme et de ses contemporains; on comprend que la valeur de la monnaie n'est point créée par la loi, mais seulement attestée par elle dans son titre et son authenticité. Dans les temps modernes, le gouvernement révolutionnaire français essaya de nouveau la monnaie artificielle en créant les assignats et provoqua la plus effroyable crise de circulation dont l'histoire ait souvenir. Divers gouvernements ont usé du même procédé en créant du papier-monnaie dont nous parlerons plus loin.

59. Il est cependant des restrictions à signaler à l'absolutisme du principe de la monnaie-marchandise. D'abord il y a toujours une légère tolérance dans le titre. Le public accepte cette tolérance comme compensation même des avantages que donnent l'empreinte et la frappe. Deux excep-

tions plus considérables concernent les pièces de *billon* et le *papier monnaie*.

60. Il y a d'abord, dans le système monétaire, la monnaie proprement dite, vraie mesure officielle des valeurs, ayant toutes les qualités et les fonctions indiquées plus haut; c'est la monnaie vraie ou *monnaie-étalon*. Mais il y a des transactions journalières, peu considérables, pour lesquelles on met communément en circulation des intermédiaires plus commodes, mais économiquement moins parfaits; c'est la monnaie d'*appoint* ou de *billon*, la monnaie *divisionnaire*. Celle-ci ne sert qu'aux menus paiements, et n'a pas cours forcé absolu; elle a d'ailleurs une grande utilité pratique qui ajoute à sa valeur et la fait aisément accepter en détail. Aussi le gouvernement l'émet-il à un titre inférieur, à une valeur nominale supérieure à sa valeur réelle, ce qui lui permet de faire des bénéfices sur l'émission. C'est le cas des pièces de cuivre, de nickel, etc.

61. Le *papier-monnaie* constitue une autre et plus grave exception au principe. Nous l'examinerons plus tard à propos du cours forcé des billets de banque.

62. Quelle est la portée de la garantie officielle du gouvernement? C'est là une question juridique dont on a récemment dû préciser les termes. Il semble que, en général, le pouvoir ne garantisse que l'authenticité et le titre de la pièce. Il ne peut garantir sa valeur, puisque celle-ci est essentiel-

lement changeante, mais seulement sa conformité matérielle avec le type légal.

Cependant, on ne pourrait légitimement étendre ce principe au billon. On serait mal venu à réclamer de l'Etat qui a fait la frappe, une garantie parce que la monnaie étalon, pure et vraie, perd de sa puissance d'achat ; il serait, au contraire, très naturel de lui réclamer le remboursement de pièces qu'il émet à un titre notoirement inférieur et leur échange contre leur équivalent nominal en monnaie étalon.

63. Nous avons signalé parmi les caractères essentiels de la monnaie le cours légal. Les offres de paiement peuvent se faire valablement en monnaie légale même aux administrations publiques. Elle a, en principe, force libératoire absolue. Le cours des monnaies d'appoint, à cause de leur caractère même, est naturellement moins étendu.

§ 4. *Valeur de la monnaie et prix des choses.*

64 La valeur de la monnaie est variable, car le métal n'est pas doué de fixité et subit la loi de l'offre et de la demande. La monnaie a donc une influence sur les prix, puisque le prix n'est que l'expression de sa valeur en monnaie. Mais comment va se définir l'influence du stock monétaire sur le prix ? Il faut considérer à la fois les deux éléments d'offre et de demande. Or, ces deux

éléments impliquent dans l'espèce trois considérations : le chiffre du numéraire lui-même ; la quantité de transactions à accomplir, c'est à dire le besoin d'intermédiaires d'échanges, et, enfin, la promptitude avec laquelle les monnaies circulent.

65. Cette dernière considération a une importance qu'on a souvent méconnue ; elle influe notablement sur le rôle des métaux monétaires et sur leur valeur. Il faut tenir compte des habitudes commerciales du marché ; ce sont elles, nous l'avons déjà dit, qui déterminent le stock nécessaire à chaque pays, et ainsi, par l'intensité de la demande, la valeur de la monnaie. La transformation des habitudes commerciales tient peut-être plus de place qu'on ne le croit communément dans certains phénomènes, en apparence purement métalliques, de hausse ou de baisse des prix.

66. Les phénomènes de hausse considérable se sont produits en quelques circonstances célèbres. M. E. Belot a étudié, dans un récent ouvrage, *La révolution économique et monétaire qui eut lieu à Rome au milieu du IIIe siècle avant l'ère chrétienne*, après les premières guerres puniques, et qui fit monter tous les prix dans la proportion de 1 : 10. Il y eut de même une transformation des prix au XVIe siècle après la découverte des mines du Nouveau-Monde. Dans les deux cas, les effets d'une grande abondance métallique provoquent une hausse considérable des prix.

67. Les phénomènes de contraction monétaire provoquent une baisse générale des prix. Le célèbre économiste Tooke, dans son *History of prices*, en donne des exemples, notamment pour la crise des années 1819 et suivantes, où la baisse atteignit jusqu'à 30 p. c., bien que tout le monde ne soit pas d'accord sur l'origine monétaire et les causes de cette crise. Plusieurs écrivains très compétents attribuent à la contraction monétaire résultant de la suspension du monnayage d'argent et d'une insuffisance de l'or, les difficultés de la situation actuelle et la baisse des prix. Telle est l'opinion de quelques auteurs éminents de divers pays. Cette opinion, d'ailleurs très combattue, paraît trop exclusive, car la baisse est loin d'être égale sur toutes les valeurs, et il y a d'autres causes de dépression, mais on peut admettre cependant que la *contraction* n'est pas sans influence sur les phénomènes de baisse que nous constatons aujourd'hui.

68. Il ne peut évidemment être question d'attribuer à des phénomènes métalliques toutes les oscillations des prix. Il est clair que, s'il en était ainsi, la proportion de hausse ou de baisse serait la même sur tous les articles. La valeur des marchandises elles-mêmes varie beaucoup aussi par suite des transformations industrielles. Il faut donc se garder d'exagérer la portée des phénomènes monétaires, sans cependant les contester. La mesure de leur influence au XVIe siècle, affirmée par les contemporains, a été même battue en

brèche par Adam-Smith ; et celle de l'approvisionnement monétaire sur le prix a été contestée par plusieurs et de nos jours tout récemment par Mulhall. Il est certain qu'on aurait tort d'attribuer une trop grande influence aujourd'hui à la contraction monétaire, mais il serait exagéré d'autre part de nier toute influence du stock métallique sur les prix.

69. Il importe de remarquer que le prix se règle sur la valeur de la *monnaie-étalon* et non de la monnaie d'appoint, dont la circulation est limitée. L'influence du stock métallique ne se manifeste complètement d'ailleurs, même pour l'étalon, que quand il y a frappe illimitée du métal.

70. *Contraction* et *inflation* du numéraire, produisant de fortes variations dans les prix, ont pour la société de graves inconvénients. Les relations économiques en sont affectées, les calculs troublés. Sans doute, l'équilibre des prix tend toujours à se rétablir, mais ce n'est jamais sans de sérieux malaises, et avec une lenteur qu'expliquent et les habitudes prises et les engagements à longs termes. Il importe donc de constituer le système monétaire de façon à empêcher autant que possible les variations trop fortes et trop brusques.

71. A prendre l'histoire métallique depuis ses origines, on trouve de très grandes variations. Il est évident (est-il besoin de le redire?) que toutes les oscillations ne proviennent pas de causes mo-

nétaires, mais celles-ci y ont souvent leur part. La valeur, ce qu'on appelle le *pouvoir*, la *puissance d'achat* des métaux a diminué dans des proportions notables et d'une façon continue. Il est difficile de préciser cette valeur aux diverses époques de l'histoire. Cette détermination serait très importante cependant au point de vue des comparaisons économiques. Plusieurs auteurs ont tenté de dresser la table historique du pouvoir des monnaies. Pour résoudre ce problème, à une époque et dans un pays déterminé, il faut établir d'abord la valeur intrinsèque des monnaies de l'époque, c'est à dire leur *taille au marc*, la quantité de métal fin qu'elles contenaient. Cela fait, on arrive à constituer leur équivalent matériel. Reste à déterminer leur puissance d'achat. Or, pour y arriver, il faut comparer l'estimation des principaux objets de consommation, le prix des denrées et celui des journées de travail, tenant compte ainsi des divers éléments qui influent sur le prix. Cette double estimation est fort difficile. Les mêmes noms de monnaies cachent à diverses époques des sommes très différentes, comme le prouvent pour la France les savants calculs de Le Blant et de N. de Wailly sur les variations de la livre de compte. L'appréciation du pouvoir d'achat n'est pas moins compliquée. Plusieurs écrivains y ont apporté d'importants éléments : Léop. Delisle, Guérard et Leber en France, Tooke et récemment Thorold Rogers en Angleterre. Leurs tables de prix sont d'un très précieux secours.

Dans son classique *Essai sur l'appréciation de la fortune privée au moyen âge* relativement aux variations des valeurs monétaires et du pouvoir commercial de l'argent, C. Leber dresse le tableau de ce pouvoir depuis le VIIIe siècle jusqu'au XIXe. Prenant pour unité ou *pair* de valeur celle de son époque (1820-1841); il établit les proportions suivantes : VIIIe siècle = 11, IX[e] = 8, X[e] à XIII[e] = ?, XIIIe à XVI[e] = 6, 1525 = 4, 1550 = 3, 1575 à 1789 = 2. Ce calcul est souvent admis, bien qu'il diffère sensiblement de celui de Guérard pour les premiers siècles. Il faut remarquer d'ailleurs que cette échelle n'est vraie que pour estimer les petits revenus, c'est à dire par rapport aux objets de consommation ordinaire. Leber fait observer lui-même que les objets de luxe étaient relativement bien plus coûteux.

72. On remarque la grande dépréciation indiquée au XVIe siècle et dont nous avons déjà signalé la cause. Un phénomène analogue s'est produit en notre siècle par la découverte des mines de Californie et d'Australie et la découverte de systèmes plus parfaits d'extraction et de traitement du minerai; mais les besoins de la circulation ont empêché une dépréciation trop radicale. La production des métaux précieux, dans son ensemble a été sans cesse en augmentant, bien qu'il y ait eu entre eux de grandes inégalités.

MM. Stirling et Levasseur ont étudié avec soin l'influence des mines sur les prix.

73. De même que les métaux peuvent varier dans leur puissance d'achat vis à vis des autres marchandises, il est clair qu'ils peuvent aussi varier de valeur relative. L'or et l'argent, par exemple, n'ont pas été toujours dans les mêmes proportions, ce qui est une des difficultés du système monétaire. Pendant le moyen âge ce rapport flotta entre 10 1/2 et 12 d'après les recherches de Broch, Soetbeer et autres ; au xvie, après la découverte des mines de Potosi et du procédé nouveau d'amalgamation à froid, il commence à tomber ; au début du xviie siècle, il dépasse 12 et tombe, avant la fin du siècle, à 15. Pendant le xviiie siècle, il reste à ce niveau ; à la fin du siècle il est à 15.42. La baisse relative de l'argent fut arrêtée après 1848 par la découverte des gisements aurifères de Californie, mais celles des mines d'argent des mêmes régions le fit retomber. En 1866 il était à 15.41. Puis survient la démonétisation de l'argent en Allemagne ; il tombe, en 1874, à 16.17, en 1877, à 17.01 ; en même temps la production de l'or se ralentit, celle de l'argent s'accélère ; il tombe à 18 en 1881, à 19 en 1885, et la baisse continue toujours par la production constante de l'argent et sa démonétisation progressive. On le voit, la variation ne porte pas seulement sur les métaux en général ; ils ne sont point solidaires et leurs variations relatives sont un des grands embarras pratiques du régime monétaire.

§ 5. *Loi de Gresham.*

74. On connaît sous cette désignation un théorème dont Macleod a fait honneur à sir Thomas Gresham, banquier d'Elisabeth d'Angleterre, et qui a conservé son nom. Cette loi est résumée par S. Jevons en ces termes : *La mauvaise monnaie chasse la bonne ; la bonne ne peut chasser la mauvaise.* Voici la véritable portée : Quand il y a simultanément en circulation une monnaie forte et une monnaie faible, de même valeur nominale, la forte disparaît bientôt. En effet, la masse du public distingue mal les mêmes différences de frappe, tandis que ceux qui font le commerce de métaux précieux s'en aperçoivent et en profitent pour fondre et vendre la monnaie forte en bénéficiant de la différence.

75. Ce qui est vrai de deux espèces de monnaies de même métal est vrai aussi de deux métaux circulant simultanément. Le métal de prime aura toujours une tendance à sortir de la circulation et à être remplacé par le métal déprécié. Ainsi, comme le disait un argentier du xive siècle, bien avant Gresham, *tantôt l'argent mange l'or, tantôt l'or mange l'argent*, quand ils ne sont pas *ajustés*. Nous allons voir le rôle que joue cette loi dans la constitution du système monétaire.

76. Au point de vue historique, sir Gresham n'a pas l'honneur d'avoir le premier constaté ce

phénomène économique. Les auteurs du xiv° siècle le connaissaient fort bien et s'en servaient pour démontrer aux princes de l'époque l'inconvénient des monnaies *aménuisées*, à titre réduit.

§ 6. *Constitution du système monétaire.*

77. Quel but le pouvoir public doit-il se proposer dans la constitution du système? Il y a bien des considérations à envisager. A prendre un Etat isolé, la préoccupation unique serait de faire une monnaie loyale aussi fixe que possible. La fixité serait le problème principal à réaliser.

Mais tout Etat est en relations commerciales avec d'autres peuples. Il faut avoir égard à ces nécessités d'échange international.

Il faut donc envisager séparément ces deux faces de la question.

78. L'unification de la monnaie serait, au point de vue commercial, un incontestable avantage. Elle supposerait chez toutes les nations l'adoption du même étalon et celle des mêmes mesures. A plusieurs reprises déjà, des conférences internationales se sont réunies dans le but d'arriver à une solution commune. Jusqu'ici les nations non seulement n'ont point adopté les mêmes bases économiques, mais ont refusé même d'accepter le système métrique uniforme. On est donc aujourd'hui plus loin que jamais, semble-t-il, de l'unification monétaire. Au moment où on travaillait à l'ex-

tension du système décimal, l'Allemagne opérait sa grande réforme monétaire sur une base différente de l'unité française, et les pays sont plus séparés que jamais sur la question de l'étalon monétaire. Seule l'*union latine*, dont nous expliquerons le système plus tard, sert de pierre d'attente à une union monétaire internationale, analogue à l'union postale. L'union latine aujourd'hui voit elle-même son avenir gravement compromis par les divisions de ses membres. Examinons d'abord quel est le meilleur système dans l'hypothèse d'un Etat isolé, hypothèse qui serait aussi celle de l'union internationale monétaire par laquelle tous les pays n'en feraient qu'un à ce point de vue spécial.

79. La discussion du système monétaire porte sur le choix de l'*étalon* ou mesure monétaire. Or, cette qualité n'est disputée que par les deux métaux précieux : l'or et l'argent. Faut-il baser le système sur un de ces métaux ou sur tous deux simultanément? Faut-il être *monométalliste* ou *bimétalliste?* Il ne peut entrer dans notre cadre de discuter en détail cette question, une des plus débattues de cette partie de la science. Nous ne voulons que poser nettement l'état des arguments.

80. Remarquons dès l'abord que personne ne songe à exclure un des métaux nobles de la circulation; mais les monométallistes n'en veulent qu'un comme *étalon*, mesure officielle des valeurs, tandis que l'autre métal figure comme monnaie

d'appoint et n'a qu'une force libératoire limitée. Les bimétallistes veulent constituer la monnaie-étalon des deux métaux, suivant une base de frappe proportionnelle établie par la loi, par exemple, le rapport de 1 : 15 1/2 entre l'or et l'argent. Dans ce dernier système la frappe des deux métaux est *libre* et *illimitée*; dans le premier, au contraire, elle ne l'est que pour l'étalon, elle est restreinte par le gouvernement pour la monnaie d'appoint, comme pour le billon, dont l'émission dépend des circonstances.

81. Voilà le principe des deux systèmes : quels sont leurs arguments et leur valeur? N'oublions pas que le but à poursuivre est d'assurer une monnaie commode, suffisante et échappant autant que possible aux oscillations de valeur qui troublent les transactions, le tout en faisant cependant le moins de sacrifices possible pour y arriver. Cela dit, exposons l'état des débats.

82. Les monométallistes invoquent d'abord les considérations suivantes :

a) L'étalon doit naturellement être unique, donc l'or et l'argent, différant de valeur entre eux, ne peuvent remplir simultanément cet office. Il est absurde de prendre à la fois deux mesures différentes; qu'on prenne l'autre métal comme monnaie d'appoint, soit, mais non comme étalon. Les bimétallistes qui veulent fixer un rapport légal des métaux font chose plus absurde encore, car on ne *fixe* pas une valeur.

b) Si on admet deux métaux étalons, on arrive,

en fait, à peu près à l'étalon alternatif ; car, en vertu de la loi de Gresham, la monnaie de prime sera chassée par le métal déprécié qui circulera seul. Perte sèche.

c) Si on admet deux étalons, les prix subiront des alternatives considérables par suite des oscillations de tous les deux.

83. Les bimétallistes répondent énergiquement.

a) La circulation simultanée des métaux est basé sur un rapport légal qui est généralement de 1 (or) : 15 1/2 (argent) depuis la refonte faite par le ministre français de Calonne, en 1786. C'est là une *base de frappe.* Cela ne veut pas dire que ce rapport soit *réel,* mais uniquement qu'on frappe sur ce pied. Quand même ce rapport deviendrait fictif, les deux métaux circuleraient encore tous deux, tant que le métal de prime en lingot ne vaudrait pas plus que ne vaut l'autre à l'état monnayé. De plus, l'habitude maintiendrait aussi le métal de prime au moins partiellement en circulation.

b) Le bimétallisme ne donne pas *deux* mesures, mais *une* mesure *composite, double,* d'or et d'argent, une sorte d'*electrum,* sur lequel se règlent les prix.

b) Le bimétallisme ne cause pas tant de pertes qu'on le prétend sur le stock métallique, et d'ailleurs cet inconvénient n'est qu'un sacrifice largement compensé par la fixité plus approximative des prix. La baisse du métal unique peut également causer des pertes sérieuses au pays monométalliste.

d) La stabilité monétaire est mieux sauvegardée par les deux métaux. Voici pourquoi :

α) *Les métaux, dans leurs oscillations, font office de pendule compensateur.* De même que dans les horloges on corrige les variations de longueur du pendule, en associant deux métaux qui se compensent, de même fait-on pour le pendule du monde économique. Quand un métal baisse, l'autre hausse vis à vis de lui. La mesure étalon, étant composite, se ressent donc moins des fluctuations que si elle était d'un seul métal. Il y aura encore des fluctuations, mais elles auront moins d'amplitude. Cette action compensatrice, exposée par Wolowski, est très remarquable.

β) *L'un métal sert de parachute à l'autre,* par l'action de la loi de Gresham. Quand un métal se déprécie, il y a une tendance à le monnayer, à le faire entrer dans la circulation en place du métal de prime. Par le fait, la demande augmente et sa valeur se relève, tandis que l'autre voit diminuer son emploi. Cet effet ne peut se produire dans le système de l'étalon unique, il suppose la liberté de frappe et la force libératoire complète des deux métaux. Prince Smith et bien d'autres ont mis cette vérité en lumière.

e) Enfin, *un seul métal est insuffisant* aux besoins des transactions. C'est le cas de l'or aujourd'hui, qui, selon le mot de M. de Bismarck, « est devenu une couverture trop étroite ; on se bat pour en avoir une part ». Ce fait est fort contesté par les partisans de l'étalon unique, qui font observer que le stock de chaque métal dépasse notablement la somme monnayée. En l'état actuel de la provision d'or, en particulier, sur un total estimé à 1504 millions sterling, il n'y en a que 736 m. st. monnayés ; ce qui ne fait pas prévoir l'insuffisance. On leur répond en prétendant qu'il y a *théoriquement* assez peut-être, mais que *pratiquement* l'expérience prouve le contraire.

84. Il faut maintenant envisager la question au point de vue de l'échange international. Les nations bimétallistes, qui se trouvent en rapport avec des peuples monométallistes au métal de prime, ont au point de vue commercial une situation défavorable. On les paiera toujours en métal déprécié, tandis qu'elles ne pourront payer de même ; de là une double perte qui peut-être considérable. Il y a donc grand inconvénient pour un état bimétalliste isolé au milieu de monométallistes. La situation peut devenir onéreuse, intolérable même, au point d'obliger ce pays à renoncer pratiquement au bimétallisme, comme il est arrivé réellement de nos jours à la France et à ses associés de l'Union latine.

Un bimétalliste anglais, H. Gibbs, ne conteste nullement cette assertion, mais en tire parti en faveur du *bimétallisme international*. « Il faut bien admettre aussi, dit-il, que si *toutes* les nations commerciales, sans exception, adoptaient le même système et recevaient indifféremment, en paiement de dettes, l'argent et l'or dans une proportion déterminée, on ne verrait point fuir le métal qui fait prime. Où irait-il? Personne ne soutiendra qu'il quitterait tous les pays à la fois. »

85. De l'ensemble de ces arguments il nous semble qu'on peut conclure, avec M. Cauwès, que « si l'unité monétaire pouvait se faire entre les divers pays, sur la base bimétallique, les peuples posséderaient le meilleur système de circulation. Mais dans la situation présente, toute faite de contrastes, il faut avouer que la monnaie bimétallique place les pays qui l'adoptent dans une situation critique. »

86. Le système monétaire des divers pays est très varié. L'étalon d'or existe en Angleterre, Allemagne, Australie et dans les pays scandinaves; l'étalon d'argent en Russie, Chine, Inde, Mexique; le double étalon enfin est accepté par l'Espagne, l'Autriche, incomplètement par les Etats-Unis et l'Union latine.

87. L'*Union* latine est une association monétaire conclue en 1865. Elle comprend aujourd'hui la Belgique, la France, la Grèce, l'Italie et la Suisse. Cette convention a été renouvelée en 1878, puis en 1885.

Voici les bases de ce régime, auquel participe notre pays :

a) Le principe bimétalliste est accepté pour l'or et les pièces de 5 fr. d'argent. Ces monnaies seront frappées à 900/1000 de fin ; leur poids est fixé sur le rapport de 1 : 15 1/2. Les Etats les acceptent dans leurs caisses respectives.

b) Chaque Etat est autorisé à émettre du billon d'argent, en pièces de 2 fr., 1 fr., 0,50 et 0,20 c. frappées à 835/1000 de fin. Elles ont force libératoire entre particuliers jusqu'à 50 fr par paiement; jusqu'à 100 fr. dans les caisses publiques des autres Etats. Chaque Etat n'en peut émettre pour plus de 6 fr. par tête d'habitant.

88. Ces principes ont dû être complétés par des conventions nouvelles, provoquées par la baisse de la valeur de l'argent. Pour des motifs qui résultent fort suffisamment des indications précédentes, la frappe de pièces de 5 fr. d'argent fut d'abord limitée, elle fut et demeure suspendue depuis 1878.

L'éventualité d'une dissolution de l'Union n'avait point été prévue par les conventions. En 1885, la France, qui possédait beaucoup de pièces belges de 5 fr. d'argent, actuellement dépréciées, voulut introduire une *clause de liquidation,* en vertu de laquelle chaque Etat s'engageait à reprendre ces pièces, à son effigie, qui se trouveraient chez un Etat associé à charge de payer une somme égale soit en pièces de même espèce, à l'effigie du co-contractant, soit, pour l'excédant, à la valeur nominale. Cette exigence était contraire aux principes du droit monétaire. La Belgique refusa d'abord d'y adhérer, elle acceptait seulement le rapatriement commercial par la voie des échanges; puis, préférant une concession à une rupture, on arriva à une transaction. En vertu de cet arrangement, la moitié de l'excédant, dont le maximum est garanti, serait remboursé par la voie directe; l'autre par la voie commerciale à laquelle la Belgique ne mettra pas d'obstacle pendant un temps déterminé et à certaines conditions. C'est sur cette base, à laquelle se rallièrent les autres Etats, que se fit la convention de 1885 valable jusqu'au 1 janvier 1891.

89. Le système adopté par l'*Union latine*, au témoignage de praticiens compétents et notamment de la Banque nationale belge, constitue en réalité l'étalon d'or sans la priver de la précieuse ressource des pièces d'argent.

90. Un économiste suisse, M. Léon Walras, a songé à étendre ce système et à l'organiser d'une manière en quelque sorte mathématique, sous l'action du gouvernement. Nous voulons signaler cette intéressante et ingénieuse pensée, malgré les difficultés pratiques considérables qui semblent s'y opposer. Voici comment l'auteur lui-même exprime son système de *monnaie d'or avec billon d'argent régulateur* : aux stipulations actuelles de l'*Union latine* relatives à l'or et à la monnaie divisionnaire d'argent, on adjoindrait une stipulation spéciale relative aux pièces de 5 fr. d'argent qui joueraient le rôle de billon régulateur. L'émission

en serait déterminée en vue d'assurer la variation régulière de la valeur de la monnaie de manière à maintenir la fixité des prix. Chacun des Etats profiterait du bénéfice et supporterait la perte à faire par l'émission et par le retrait du billon. Ce système suppose une statistique exacte de la hausse et baisse de tous les prix et une émission proportionnelle. L'auteur qui a dans divers ouvrages célèbres exposé la *théorie mathématique* de la richesse et de la circulation, cherche à montrer la possibilité de ce système qui a pour base, on le voit, l'*union latine* elle-même.

CHAPITRE III. — Le commerce.

§ 1. *Nature du commerce.*

91. Le commerce est une industrie spéciale qui a pour but de mener chaque produit là où il doit être consommé, *the right ware in the right place*. Cette industrie, est la source de bénéfices légitimes. Quel peut en être le taux? C'est ce qu'il est difficile de fixer. Le commerçant peut tirer avantage des différences de valeur qui se produisent d'un marché à l'autre, sans violer les principes du juste prix. Il ne pourrait d'ailleurs sous prétexte des peines qu'il s'est données, violer ces mêmes principes, mais l'estimation des peines et des impenses ordinaires du marchand fera partie des éléments ordinaires du prix commun et du juste prix sur le marché. C'est d'après les frais géné-

raux que se fixe le prix de revient de vente qui est le vrai prix du marché. C'est ce qui explique aussi, entre autres choses, la supériorité du prix de détail sur le prix de gros.

92. Ces bénéfices sur la différence des prix sont le but immédiat du négociant ; c'est même là ce qui caractérise pratiquement le négoce : acheter des choses pour les revendre plus cher.

Mais le commerçant, dans la poursuite de ses bénéfices devra, toujours, comme tout le monde le doit, garder la modération chrétienne ; il ne peut considérer le lucre qu'il fait comme la fin dernière de son activité, n'être inspiré et guidé que par la cupidité qui va *in infinitum* et ne connaît ni mesure ni règle. Il faut un but honnête ; c'est le sage principe de toute l'économie chrétienne, prêché par les docteurs du moyen âge ; il préserve la société des entreprises véreuses et des opérations frauduleuses qui troublent les marchés et les fortunes.

93. L'utilité du commerce en général ne peut être contestée. Il n'est pas de pays, si bien constitué qu'il soit, qui produise tout ce qui est utile à ses habitants. Or, si chacun devait se procurer lui-même ce qu'il désire, la journée n'y suffirait pas. D'autre part, si le producteur devait aller en quête du consommateur, il y devrait aussi consacrer un temps énorme enlevé à son industrie. De là l'utilité des commerçants qui ne sont que des *entrepreneurs d'échanges*, des *intermédiaires*, étudiant sans cesse les conditions d'offre et de

demande des divers marchés pour opérer les transferts réclamés par le public et y trouver leur propre profit.

94. Le commerce bénéficie des différences de prix. Plus exactement il apprécie les marchés, plus vite il y satisfait, mieux il y gagnera. En cela, son intérêt se trouve d'accord avec celui de la communauté. En réalité, il va prendre les choses là où elles sont offertes, pour les porter là où elles sont demandées ; il rend service à la fois et au producteur qu'il débarrasse de son produit et au consommateur à qui il le procure. Le profit que réalise le commerçant dépend de l'exactitude et de l'étendue de ses connaissances, de son activité, de son génie d'affaires. De là une organisation très complexe, née de l'initiative privée, multipliant et accélérant les renseignements sur les marchés du monde entier. On peut dire avec vérité que le commerce universel s'occupe de l'approvisionnement de chaque ménage européen.

Mais pour que cette organisation soit possible et surtout complète, il faut la facilité et la multiplicité des communications ; nous reviendrons bientôt sur ces conditions pratiques.

§ 2. *Organisation commerciale.*

1. Le gros et le détail.

95. On distingue, à ce point de vue, deux formes principales de commerce : le *gros* et le *détail*.

Le détaillant se trouve à portée du consommateur, lui livre les marchandises au petit poids et à la petite mesure. Le négociant de gros est l'intermédiaire premier entre le producteur et le public; souvent encore le producteur fait lui-même ce genre de négoce. Entre le producteur ou le négociant de gros et le consommateur il y a souvent, non pas un seul intermédiaire, mais une hiérarchie de détaillants. Ceux-ci se fournissent l'un chez l'autre; celui de la campagne à la ville voisine et celui-ci à la grande ville. Chaque intermédiaire est pour le consommateur une charge de plus. Ces intermédiaires sont nécessaires; ils l'étaient surtout quand les communications étaient difficiles. D'abord il est impossible au producteur de se faire boutiquier, et d'ailleurs il lui faudrait lui-même faire les mêmes frais d'installation. D'autre part, tous les consommateurs ne peuvent faire de grandes provisions et de fortes avances. Les intermédiaires détaillants sont donc utiles. Mais il est clair que moins il y en a, moins la marchandise sera grevée. Il est de notoriété vulgaire que les prix de détail dépassent les prix de gros. Il y a donc avantage, quand on le peut, à faire des commandes de gros soit au producteur lui-même soit au premier intermédiaire. L'élévation des prix du détail n'a rien d'étonnant. D'abord tous ces intermédiaires doivent avoir un capital et des frais d'installations; ils doivent hausser en proportion, nous l'avons dit, leur prix de vente, et cela d'autant plus que leur chiffre d'affaires est restreint et qu'il sont moins sûrs d'être payés vu le caractère ordinaire de leur clientèle.

Les fournitures à crédit, surtout aux ouvriers, sont à cet égard, fort fâcheuses.

Les détaillants contribuent à former la classe moyenne, dont l'importance sociale est grande.

2. Sociétés coopératives de consommation.

96. L'élévation des prix chez les intermédiaires présente, pour la classe ouvrière, d'énormes inconvénients, surtout pour les matières de première nécessité. C'est afin de s'y soustraire que, de tous côtés, on établit des *sociétés coopératives de consommation*. Le caractère de ces sociétés est très différent de celles que nous avons étudiées, dans un précédent volume, sous le nom de *sociétés coopératives de production*. Elles ne visent point à l'indépendance industrielle de l'ouvrier; celui-ci ne risque presque rien en s'y affiliant, il reste ouvrier d'un autre patron, et en France, c'est même surtout par le patronage que ces sociétés ont réussi. Le but ici est de fournir aux membres, avec économie, les denrées nécessaires à la vie courante; certes cela rencontre des difficultés, mais bien moindres que les sociétés de production ; et quand elles sont sagement administrées, ces sociétés réussissent fort bien et font même de grands bénéfices. Outre l'abaissement des prix qu'elles procurent, elles peuvent aisé-

ment préserver leurs membres des falsifications et des tromperies.

97. Ces sociétés, si on considère leur but, ont surtout trois formes : la boulangerie, la boucherie et les magasins vendant les épiceries, les articles de ménage, etc., mais il y en a pour toutes sortes d'objets. Il nous est impossible d'entrer dans le détail de leur organisation. Faut-il vendre au public ou seulement aux membres? Faut-il vendre au comptant ou à crédit (toujours comptant, on est d'accord, c'est un principe essentiel) ? Faut-il vendre à prix de revient ou à prix courant? Comment faut-il administrer la société? Que faut-il faire des bénéfices, peut-on tout partager ? Voilà toutes questions résolues de façons très différentes.

98. En Angleterre, quelques-unes de ces sociétés ont pris des développements très considérables, telles que celles de *Rochdale* et la *Wholesale* de Manchester; elles sont groupées en *union coopérative*. Elles ont souvent d'ailleurs à vaincre des débuts difficiles, à cause de l'hostilité des intérêts contraires. En Angleterre elles ont remplacé avec avantage les magasins des patrons *(truck system)* où ceux-ci ne rougissaient pas de faire de gros profits, et que le parlement a dû interdire. En France, au contraire, le concours des patrons a beaucoup contribué à leur succès. Renvoyons pour le détail au témoignage compétent de MM. Rouillet, Fougerousse et Gibon et au récent mémoire de M. Hubert Valleroux.

99. La société coopérative de consommation a produit d'excellents résultats. Plusieurs personnes cependant craignent qu'elle n'amène la suppression de la classe moyenne ; elles veulent réaliser le but des coopérateurs par d'autres moyens; ou du moins, limiter la coopération aux choses de première nécessité. D'autres disent que la coopération ne portera jamais sur tout; que la classe intermédiaire, sans disparaître, se transformera insensiblement, sans secousse ; qu'elle recourra elle-même au groupement coopératif, et que la coopération chrétienne sera puissante contre le socialisme.

3. Le grand détail.

100. Depuis quelque temps le commerce du détail tend à se transformer à un autre point de vue ; il se *concentre* et devient ce commerce de *grand détail* dont le nom aurait paru naguère un non-sens. Ces grands magasins, ces *bazars*, tels que sont, à Paris, le *Louvre* et le *Bon Marché*, sont un phénomène dont on s'est assez occupé. Comment trouve-t-on avantage à cette concentration qui limite le principe de la division du travail? On a donné plusieurs raisons du succès des magasins : l'étendue de leurs affaires et la rapidité de leur circulation qui leur permet de faire rouler et produire leur capital plusieurs fois, tandis que les petits détaillants écoulent lentement; la réclame et la publicité; l'attrait de certains articles dits de tentation vendus à très bas prix pour attirer l'acheteur; l'appât de la *tentation*, etc.

101. Faut-il condamner cette transformation ? Certains y ont vu le même inconvénient que dans la grande industrie comparée à la petite, au point de vue de l'indépendance et de la vie de famille, et n'y voient, d'autre part, aucun avantage pour le public. D'autres ne partagent point cette opinion défavorable et estiment que c'est là une des nombreuses transformations économiques dont il faut combattre les abus et corriger les inconvénients par les mêmes procédés que pour la grande manufacture.

§ 3. — *Notion juridique du commerce.*

102. Le commerce a besoin d'institutions particulières et une législation spéciale s'en occupe. On a donc dû en préciser la notion. Le commerce se caractérise par *l'habitude d'acheter des denrées ou des marchandises pour les revendre*. C'est à cette notion que s'applique le régime légal que tous les pays ont toujours réservé aux commerçants pour faciliter leurs opérations. Notre but, ici, n'est point d'exposer le droit commercial qui fait l'objet d'un enseignement spécial. Nous ne faisons donc que déterminer cette notion, nous réservant, à divers propos, d'indiquer certains points de cette législation. Elle s'efforce de répondre aux besoins de sécurité et en même temps de simplicité et de rapidité qu'exige cette industrie. Mais l'utilité des dispositions commerciales et l'extension des affaires ont fait reconnaître ce caractère à certaines opérations qui n'appartiennent pas strictement à

l'industrie commerciale, dans le sens économique, et la loi positive a étendu la liste des actes commerciaux.

103. Nous avons déjà signalé ailleurs (*Lutte pour le pain quotidien*, n° 421) la distinction nécessaire entre le droit commercial, adapté aux conditions particulières et aux besoins des multiples transactions et le droit foncier. Le droit commercial est le *droit mobilier* ; il s'est formé lentement, en partie par l'usage qui y a gardé une grande importance. La législation doit tenir compte de ces nécessités économiques diverses ; 'économie politique doit l'éclairer sur ce point et se trouve ainsi, comme le remarque Ercole Vidari, en rapport intime avec le droit. Mais s'il ne faut pas, comme il le dit aussi, enserrer les opérations économiques dans le vêtement de plomb d'une législation formaliste, il ne faut pas non plus oublier que le droit foncier diffère du droit commercial et qu'il ne faut pas étendre celui-ci à des intérêts qui comportent plus de stabilité. Nous avons dit avec Roscher : Pas de mobilisation à outrance, pas de *commercialisation* excessive, comme plusieurs en ont la tendance. Il est nécessaire, dit fort bien M. Cauwès, de laisser subsister, quant à l'élément le plus stable des fortunes, au sol, une législation protectrice qui sacrifie moins à l'intérêt de la célérité et de l'économie des procédures.

104. D'autre part quand au nom de la *mobilisa-*

tion et de la facilité des transactions, on supprime des frais et des formalités, il faut encore sagesse et prudence; il ne faut pas sacrifier non plus les garanties nécessaires de tous, des tiers, à la facilité des entrepreneurs. Il y a des formalités et des entraves qui sont des garanties nécessaires. Il importe de ne point l'oublier. Le commerce exige la célérité, sans doute, mais aussi la sécurité. Il faut concilier ces exigences.

105. Plus encore que les autres matières économiques, toutes celles qui se rapportent au commerce et au crédit touchent à une foule de questions juridiques. Il ne peut être question de les traiter ici ; mais il importe de connaître ces rapports intimes des deux sciences. D'importants travaux de droit commercial sont en même temps l'étude des applications pratiques de la science économique. C'est ce que prouvent les travaux de jurisconsultes tels que Vidari en Italie, Boistel et Lyon Caen en France, etc.

§ 4. *Les débouchés.*

106. Il importe de pénétrer un peu plus avant dans le rôle économique du commerce. Cette industrie s'applique tout à la fois aux relations des membres d'une même société et à celles des habitants de régions différentes. Il y a donc à distinguer à ce point de vue, d'une part, le commerce intérieur, d'autre part, le commerce d'importation et d'exportation. Tous deux sont importants.

Adam Smith disait que les relations les plus considérables sont celles qui s'établissent des villes à la campagne. D'un pays à l'autre les rapports sont également de premier ordre. Il n'est pas de pays si bien constitué qui possède en abondance de quoi pourvoir au bien-être de tous ses habitants. Les échanges internationaux ont donc une grande place dans l'économie de la circulation.

107. Les échanges, ainsi que nous l'avons déjà exposé, sont aussi utiles aux producteurs qu'aux consommateurs. Les producteurs ont intérêt à trouver des demandeurs pour pouvoir produire davantage, ce qui fait leur profit. Trouver des consommateurs, voilà l'intérêt des industriels. Il faut donc chercher à ouvrir à l'industrie des marchés nouveaux, plus étendus. La politique commerciale de chaque pays consistera à les rechercher. C'est ce qu'on qualifie du nom de *théorie des débouchés*.

108. Où trouver des *débouchés* ? Nous venons de le dire : les débouchés sont les consommateurs, mais seulement ceux qui peuvent payer. Or, comment payer ? On ne peut payer le produit qu'on acquiert que par une autre valeur ; celle-ci suppose à son tour une production. J. B. Say en conclut que « c'est la production qui ouvre des débouchés aux produits ». Toutes les industries se servent de débouché mutuel. Cette thèse a gardé son nom.

Il y a certes beaucoup de vrai dans cette théorie. Nous l'avons déjà affirmé implicitement en exposant la solidarité des divers groupes producteurs; il importe de l'examiner de plus près.

109. Toutes les industries se servent de débouché mutuel, avons-nous dit, et le malaise de l'une se fait sentir à toutes. Cette conséquence a été d'ailleurs fort bien déduite par J. B. Say lui-même. Mais il pousse trop loin ses conclusions ou, du moins, on en a abusé. De ce que tous les produits s'échangent entre eux, il est amené à conclure que plus on consommera de produits, mieux ce sera, pourvu qu'on soit en état d'en produire l'équivalent. « Les produits se vendent d'autant mieux que les nations ont plus de besoins et qu'elles peuvent offrir plus d'objets en échange, c'est à dire qu'elles sont plus généralement civilisées. » Il ne faudrait pas exagérer cette théorie. Ce développement indéfini des besoins donne à la science une tendance sensualiste; le *standart of life* tend à s'élever, c'est bien; mais il serait déplorable de voir là le *tout* de ce qu'on appelle la *civilisation*. Nous l'avons souvent redit, mais il nous plaît de le redire encore : le bonheur et la prospérité, la vie morale, se concilient avec un grand développement de bien-être matériel, mais on ne peut voir là le dernier mot de la vie sociale. Il faut se rapporter ici à ce que nous avons dit ailleurs de la *consommation* elle-même. Il est trop clair d'ailleurs qu'un peuple qui surexcite ses besoins finira par payer les produits qu'il acquiert non avec ses propres produits nouveaux, mais avec son *capital*, sa

substance même. C'est un danger qu'on a tort de méconnaître et sur lequel nous insisterons encore. Il faut remarquer enfin que la consommation a des limites qui ne sont pas indéfiniment extensibles. L'influence des surproductions le prouve trop souvent. Nous l'avons déjà signalé.

110. L'extension des débouchés et de la consommation n'est pas indéfinie. On a cru longtemps, et on croit encore parfois, qu'on peut toujours produire, sans s'inquiéter des débouchés. Nous avons déjà plusieurs fois signalé cette erreur. L'étude des débouchés est la principale à laquelle doit se livrer celui qui veut produire. Le public n'accroît que lentement sa consommation, le progrès de ce côté n'est jamais rapide. Pour être sage, il faut mesurer la production aux débouchés assurés et aux ventes probables. A agir autrement, on s'encombre de produits et on fait effondrer les prix. Dans la fièvre de production et de lucre, augmentée par la concurrence actuelle, on oublie souvent ces précautions vulgaires. Il faut donc insister sur ce point : l'industrie doit connaître ses débouchés et y limiter sa production. Les erreurs sont possibles sans doute, mais si tout le monde était sage, il y aurait moins de mécomptes. On n'aurait pas cette surabondance de produits qui provoque les crises et on maintiendrait l'équilibre nécessaire entre la production et la consommation. La théorie des débouchés est essentielle en ce sens qu'elle donne la sage mesure de la production. Chaque

pays fait bien, dans l'intérêt de sa prospérité, de chercher à conquérir de nouveaux marchés, et à étendre les limites de son commerce. Mais il y a loin de ces préceptes de prudence à la théorie de l'augmentation indéfinie des besoins. Consommer et produire ne sont pas le but de la vie des peuples. Que les producteurs, au lieu de vouloir faire grand et en masse, se résignent à grandir lentement et à faire les bénéfices d'un marché assuré, progressivement étendu, et les crises provoquées par l'imprudence et la hâte de gagner seront assurément moins fréquentes.

111. Comment s'y prendre pour étendre les débouchés industriels ? Il y a bien des moyens et c'est là qu'éclate le génie de la politique commerciale. Sans doute, c'est aux particuliers à faire l'industrie, à établir des relations ; mais le pouvoir public peut utilement faciliter cette expansion dans un but, bien considéré, d'intérêt général. Pouvoir et particulier ont donc leur part dans cette action commerciale.

Il nous semble qu'on pourrait, pour l'étudier sommairement, en grouper les éléments dans ces divers chefs :

a) Régime légal et douanier adapté aux exigences nationales.

b) Facilité matérielle des communications et des transports.

c) Sage développement de l'esprit d'entreprise.

Chacun de ces points mérite une attention particulière.

CHAPITRE IV. — Régime légal du commerce.
Système douanier.

112. Il est peu de questions qui aient été l'objet de plus vives discussions que le régime légal qu'il convient d'assurer au commerce et principalement au commerce international. Il n'est plus aujourd'hui que d'un intérêt historique de discuter la liberté du commerce intérieur, tout le monde en tombe d'accord ; l'existence des douanes intérieures est terminée ; les octrois, qui ne survivent en France que pour des raisons financières, étrangères à la question commerciale, y sont vivement attaqués. Ils ont été supprimés en Belgique en 1860. Ce n'est donc plus qu'à titre d'impôt qu'ils se présenteront plus tard à notre examen. Mais la question reste ouverte dans l'ordre international et il importe d'en préciser les termes et la solution. Notre plan ne comporte guère les aperçus historiques, et nous devons nous borner à l'étude des principes, mais il est indispensable, pour se rendre bien compte de la question, de reprendre les principaux systèmes que se partagent les économistes.

§ 1. *Aperçu des systèmes. La balance du commerce.*

I. Système annonaire.

113. Le plus ancien système qui se rencontre au moyen âge a reçu, de certains historiens, le

nom de *système annonaire*. Cette théorie fait valoir surtout la dignité qu'il y a pour un pays à se suffire à lui-même. Le commerce ne fait que suppléer à l'insuffisance des produits locaux, et procurer les choses que la Providence n'a pas accordées à tous les pays. Elle admet aussi le devoir pour le prince de veiller à l'approvisionnement de son pays ; et beaucoup d'écrivains approuvent, pour y arriver, les réserves, les greniers, la défense même d'exporter qui était fréquente. Ce système conserva jusqu'au xviie siècle de nombreux défenseurs. C'est la *protection du consommateur* par mesure administrative. En un temps où les communications étaient lentes, malaisées et coûteuses, ce système était fort compréhensible. Ce fut au nom des intérêts de l'agriculture qu'une réaction se produisit contre la défense d'exporter, quand la situation du commerce et des communications commença à se modifier elle-même. On voulut encourager les progrès de l'agriculture. Sully en France proclama la liberté. Mais de nombreuses disputes allaient surgir encore.

2. Mercantilisme.

114. Le *mercantilisme* se développa à partir du xvie siècle. Il naît d'une double pensée. D'abord celle, déjà indiquée, que l'Etat doit tant que possible se suffire à lui-même ; puis l'idée répandue que la monnaie était la vraie représentation de la

richesse et que sa sortie était en tout cas un mal pour le pays. Cette idée n'avait point été soutenue par les docteurs du moyen âge, mais elle était excusable à une époque où la circulation moins active qu'aujourd'hui, rendait nécessaire une plus ample provision de numéraire. En tout cas, cette idée fut exagérée par les économistes du XVIIe et du XVIIIe siècle jusqu'à l'arrivée des physiocrates. Il en résulta un système commercial qui a reçu le nom de *mercantilisme*. Pour l'école *mercantile*, « le commerce a besoin de liberté ; il faut, pour lui et dans l'intérêt du producteur, faciliter le trafic. Cela est vrai d'une manière absolue pour la circulation intérieure. Pour le commerce extérieur, il faut distinguer : il y a un commerce *utile* qui rapporte au pays la monnaie, les matières premières, le fret ou les produits propres des autres pays ; mais il y a aussi un commerce *nuisible* qui l'appauvrit en envoyant ses deniers à l'étranger ou en lui achetant, par ses produits, des objets de luxe. »

115. Telle est la thèse fondamentale du *mercantilisme*, soutenue avec quelques variantes par la plupart de ses adeptes, par Sully, qui, au dire d'Ad. Blanqui aîné, fut le plus ardent propagateur du système, de Melon, dans son célèbre *Essai sur le commerce;* des Italiens Costantini et Genovesi, etc., dont les idées ont été fort nettement analysées par U. Gobbi dans son mémoire sur *La concorrenza estera et gli antichi economisti italiani*.

116. Ce principe devait porter ses fruits dans la politique commerciale. Le commerce est *actif*, c'est à dire d'exportation, ou *passif*, c'est à dire d'importation. Dans la théorie indiquée, il faut importer le moins possible et seulement ce qui est nécessaire, de peur de faire passer ses deniers à l'étranger. Le mal est d'autant plus grave que la chose importée est moins utile, par exemple un objet de luxe. Dans ce cas on devient *tributaire* de l'étranger. Pour apprécier exactement l'état des affaires d'un pays, il n'y a qu'à faire la *balance du commerce* : s'il exporte plus qu'il n'importe, il s'enrichit; il s'appauvrit dans le cas contraire. C'est cette conclusion qui a fait donner aussi au mercantilisme le nom de *système de la balance du commerce.*

117. On n'admet plus aujourd'hui qu'il n'y ait de capitaux que sous forme d'or et d'argent; on ne cherche plus davantage à multiplier indéfiniment les exportations. J. B. Say et Bastiat ont fait justice du système; aujourd'hui personne ne le soutient plus ouvertement. Mais ces deux économistes ont dépassé la mesure de la réaction en soutenant, comme Bastiat, que « la vérité est qu'il faudrait prendre la balance du commerce *au rebours* et calculer le profit national, dans le commerce extérieur, par l'excédant des importations sur les exportations », à cause de la plus value que les marchandises étrangères obtiennent dans le pays.

118. Aujourd'hui encore, on n'est pas d'accord sur la vraie signification de la *balance du commerce*, ou des excédants de trafics. Tâchons donc de préciser la situation.

a) D'une manière générale les trafics se font dans l'intérêt des deux pays commerçants, et les produits s'échangent contre des produits. C'est une vérité générale qui se vérifie ordinairement bien qu'elle puisse comporter des exceptions.

b) L'excédant d'exportation n'est pas un signe certain de l'enrichissement social. On admet généralement que l'excédant n'indique rien de *décisif* sur l'état de richesse d'un pays. La balance n'a plus de partisans dans le sens qu'on y attachait jadis. Les exportations considérables peuvent indiquer une très grande fécondité industrielle, mais il ne faut pas comme on le faisait autrefois chercher un excédant comme idéal.

c) L'excédant d'importation ne peut être considéré davantage comme une caractéristique NORMALE *de richesse*. J. B. Say, Bastiat, M. Leroy-Beaulieu et autres voient la richesse dans l'importation. Ce dernier en donne pour raison que les pays riches ont toujours des créances au dehors pour solder la différence. L'Angleterre et la Belgique, par exemple, sont importateurs. Cela *peut* être vrai, et même l'être souvent. Mais l'excédant d'importation peut avoir d'autres causes que la richesse de l'acheteur : une disette forçant à acheter cher ; une concurrence étrangère qui fait acheter plus qu'on ne vend et oblige à payer de son capital et non de son produit; des habitudes de consommation improductive et onéreuse. Le fait constaté par M. Leroy-Beaulieu comporte donc de nombreuses exceptions et son aphorisme général est une pétition de principe. L'importation est bonne, *si* on la paie de ses revenus. Il est certain aussi que son argument n'existait guère au xviiie siècle où les valeurs internationales étaient peu connues. Enfin, une importation excessive, payée en numéraire, dit fort bien M. de Laveleye, peut causer des troubles sérieux sur le marché. Nous en reparlerons à propos du *change*.

d) La balance du commerce doit cependant être consultée, malgré l'impopularité qui s'attache au mot et avec la précaution nécessaire pour l'interpréter sagement. « Les changements dans le cours du commerce (que constate la statistique), l'ouverture de relations nouvelles et la fermeture de relations anciennes ont les conséquences les plus graves, dit M. Léon Say dans l'introduction au beau livre de M. Goschen sur *Les changes étrangers*; vouloir considérer ces faits à la légère, négliger leur étude parce qu'il faut, pour les comprendre, entrer dans des considérations sur la balance du commerce, c'est se priver volontairement d'une source précieuse de renseignements; » quand même les masses s'équilibrent, la composition peut varier et est importante à connaître. Mais M. Goschen lui-même fait observer la prudence avec laquelle il faut examiner cette question ; l'insuffisance des relevés de la douane, le nombre de valeurs qui échappent à leur contrôle, comme aussi les circonstances multiples qui peuvent influer sur le change en dehors des transactions en marchandises. M. Cauwès enfin fait observer avec raison les diversités d'évaluation dans les relevés douaniers. L'étude du change international complétera bientôt cet aperçu.

3. Système prohibitif.

119. Le *système prohibitif* est venu se greffer sur le précédent. Ses premiers propagateurs n'étaient certes pas dégagés du mercantilisme, mais il s'y joignait une pensée de protection du travail national en vue d'augmenter l'exportation. Déjà au temps de Sully, B. Laffemas commençait à encourager l'industrie nationale ; mais ce système devait être porté à sa perfection par Colbert qui lui donna son nom (1661-1683). Dans la pensée de rendre florissante et indépendante l'industrie française, il entama une série de mesures relatives au commerce et à la manufacture. On peut résumer son système comme suit : « Réduire les droits à la sortie sur les denrées et les manufactures du royaume ; diminuer aux entrées les droits sur tout ce qui sert aux fabriques, repousser par l'élévation des droits les produits des manufactures étrangères. » Ce système de tarifs était combiné de façon à favoriser l'exportation des

produits nationaux, à leur assurer le marché intérieur ; à leur procurer les éléments du travail et à couper autant que possible ces éléments à l'étranger. A ces tarifs se joignirent des mesures spéciales prises par le pouvoir pour créer l'industrie : les privilèges, les subsides, les manufactures royales, le développement considérable des voies de communication, l'abolition des douanes provinciales et, enfin, un système commercial et maritime exclusif.

120. La Hollande était l'objectif spécial de l'hostilité de Colbert, mais son système, qui en somme appliquait des principes très répandus, était usité presque partout. Le génie de Colbert a eu la spécialité d'en créer tout d'une pièce l'organisation pratique dans son pays. L'Angleterre a poursuivi pendant plusieurs siècles cette même politique. Les deux pays voulurent se constituer une force industrielle stable et solide. L'acte de navigation, porté par Cromwell en 1651, n'est qu'un épisode célèbre de cette politique anglaise, c'est l'acte qui, en réservant le commerce à la marine nationale, a donné à celle-ci son prodigieux développement.

121. Ce serait étrangement rabaisser le rôle de Colbert que de réduire sa pensée à la seule théorie mercantile. Pour lui, comme pour les hommes d'Etat anglais, la pensée intime était le progrès de l'industrie nationale. « Quelque jugement qu'on porte sur les prohibitions et sur les

droits protecteurs de Colbert, abstraitement envisagés, dit le libre échangiste Schérer, dans son *Histoire du commerce*, il serait injuste de vouloir en amoindrir le succès pratique. » La politique économique de Colbert, comme celle de Cromwell, ont puissamment contribué à la splendeur de leur patrie ; c'est ce qu'on ne peut nier, dit M. Cossa, sans prouver son ignorance historique. Cette appréciation est confirmée par List, Henri Martin, Gaillardin etc. D'autres, et en particulier Adam Smith, approuvent l'acte de navigation, mais blâment le système de Colbert pour ses restrictions elles-mêmes.

4. Ecole du laissez-passer.

122. Il se fit au XVIIIe siècle une complète réaction. Boisguilbert avait protesté contre le colbertisme, mais à un point de vue tout spécial, au nom de l'agriculture pour qui il demandait une liberté d'exportation plus complète ; mais les physiocrates devaient préconiser le règne total de la liberté, avec Vincent de Gournay, Quesnay et leurs contemporains. « Qu'on maintienne l'entière liberté du commerce, disait Quesnay, dans ses *Maximes*, car la police... la plus profitable... consiste dans la pleine liberté de la concurrence.

Le système de la *liberté naturelle* fut repris par Adam Smith comme le plus utile à la *richesse des nations*, tout en admettant quelques remarquables exceptions. Il demeura la thèse préférée de ses disciples. De ces systèmes devaient naître de longues luttes théoriques et législatives entre le protectionisme et le libre échange, ainsi que des systèmes mixtes qui font une sorte d'éclectisme. Après cet exposé historique, nous allons donner l'état du débat scientifique.

§ 2. *La protection.*

123. Désormais il n'est plus question de la balance du commerce, mais du profit national, de l'avantage qu'on peut retirer d'une organisation commerciale, sans égard spécial à la question de la monnaie.

Tâchons de déterminer les principaux arguments des divers systèmes.

Le système protectionniste, le plus ancien, a droit de priorité. Sa pensée fondamentale se trouve, comme l'indique son nom, dans la protection de l'industrie et du travail national. Voici les raisons qu'il invoque.

124. *a)* Le pays a intérêt à voir développer sur son sol d'une manière harmonique toutes les industries. Or, toutes ne sont pas capables de s'y développer par leurs propres forces. La concurrence d'étrangers plus habiles peut compromettre leur prospérité et surtout leurs débuts en vendant les mêmes produits à des prix inférieurs. Il faut donc, pour les sauver, leur assurer le marché intérieur en élevant artificiellement le prix des produits étrangers. Sans cette mesure, au moins

provisoire, le pays perdrait ses forces productives et la source même de ses richesses. Se refuser à cette protection, c'est consacrer le triomphe du plus fort sans égard aux intérêts de chaque nation et à leur développement régulier, c'est permettre à certains pays de devenir les pourvoyeurs universels aux dépens de tous les autres.

125. *b)* L'intérêt individuel est d'accord avec l'intérêt collectif de la nation. La prospérité de l'industrie donnera au travail un emploi plus sûr, comme aux capitaux des profits réguliers. Certes, on pourra encore subir des crises, mais on ne sera pas à la merci de la surproduction des étrangers. La concurrence illimitée, portant sur un grand nombre de points ou sur des industries essentielles, peut dépeupler un pays, car, quoi qu'on dise, il n'est pas toujours possible de trouver à l'activité de nouveaux emplois. Il ne faut pas laisser exproprier, au profit de l'étranger, le travail national.

126. *c)* Souvent la protection pourra n'être que *transitoire*, durer le temps nécessaire à l'éducation, à l'établissement d'une industrie. C'est ce qu'a soutenu avec éclat Fr. List en Allemagne, et a été en réalité la politique de la plupart des Etats. L'Angleterre a été longtemps protectionniste, les Etats-Unis le sont encore; c'est une question d'opportunité pratique. Les partisans de la liberté, eux-mêmes, doivent reconnaître que l'histoire universelle de la politique

commerciale dément leurs théories absolues. Ne suffit-il pas de parcourir l'histoire du commerce et en particulier les *Lehren der Handelspolitischen Geschichte* de Fr. List? La liberté profite seulement à ceux qui ont la sève et la vigueur. Pour d'autres, la liberté de la lutte n'est que la liberté de la décadence.

127. Une protection durable peut même être requise pour sauver et maintenir des industries essentielles, nécessaires au pays. Ad. Smith lui-même approuve à cet égard l'*Acte de navigation*. S'il est absurde de vouloir créer en Ecosse et en Belgique des vignobles à coup de protection, il n'en est pas de même du maintien des grandes industries nationales. On l'a toujours compris ainsi; les partisans de la liberté admettent eux-mêmes qu'il faut de la prudence dans la pratique. Ces mesures de protection doivent être combinées avec sagesse et modération, en tenant compte des véritables intérêts du pays, de la nature et de l'importance des industries en question et de l'efficacité des mesures elles-mêmes.

128. *L'apparence d'une protection sera parfois d'une nécessité absolue* pour rendre possible la vie industrielle; il faudra équilibrer les conditions de la lutte. Si entre deux pays il y a de grandes différences de charges fiscales ou de toutes autres charges publiques, comment l'industrie d'un pays grevé supporterait-elle la lutte? *Les droits compensateurs* ne sont pas de la protection; ils ne font

qu'égaliser les conditions de la concurrence. Ici encore Ad. Smith reconnaît l'exception qu'a proclamée L. de Lavergne, qu'admettent bien des économistes qui se disent cependant libre-échangistes. Et cette situation n'est-elle pas celle du vieux-monde vis à vis de l'Amérique? R. Meyer n'a-t-il pas fait voir *les causes de la concurrence américaine* dans les conditions de cette vaste contrée que le militarisme et le fonctionnarisme etc. n'ont pas grevé d'un formidable budget?

129. Tels sont les principaux arguments de ceux qui veulent limiter les échanges internationaux. Parmi eux, il y en a de plus ou moins radicaux. Il y en a même qui, *en thèse*, préconisent la liberté, mais qui reconnaissent la nécessité d'apporter des tempéraments pratiques à l'application de la théorie.

Avant de conclure, il faut faire l'exposé des motifs de la liberté illimitée, absolue.

§ 3. *Le libre échange.*

130. Le système du libre-échange a aussi de puissants arguments.

a) Les parties du monde ont été douées par la Providence de qualités diverses. Chacune ne peut pas tout produire; elles ont leur spécialité L'échange de ces produits de chaque pays n'est que l'application naturelle de la division du travail aux nations; c'est aussi une conséquence et un lien puissant de la fraternité internationale. L'homme de chaque pays consomme chaque jour des produits des cinq parties du monde ; il mange du blé d'Australie, de la viande d'Amérique, des épices des Indes, des fruits et des primeurs du Midi ; il boit du vin d'Espagne, du Rhin ou de France, de la bière allemande ou anglaise, ou du thé de la Chine ; il fume des Havane ou des Manille, porte des soies de Lyon et des draps d'Elbeuf ; s'arme de lames de Tolède, de fusils de Liège, de couteaux anglais ; se sert d'une montre de Genève, monte un cheval arabe et se proclame d'ailleurs *indépendant de l'étranger*. Cela n'est pas logique ! D'ailleurs cette multiplicité de relations commerciales unit les peuples dans les mêmes intérêts et facilite la paix internationale bien mieux que les anciennes guerres de tarif du système protectionniste. Tout cela est bien conforme au plan divin de l'harmonie des nations et de la solidarité humaine. Cet argument était déjà invoqué au moyen âge pour prouver l'utilité des échanges. On l'invoque aujourd'hui pour en demander aussi la liberté.

131. *b)* La liberté des échanges est une conséquence naturelle de la liberté du travail et de la liberté de l'industrie. Bastiat est bien près de soutenir que les restrictions sont contraires au droit naturel.

132. *c)* Les produits sont fabriqués à meilleur marché sur le sol où la nature les fait venir le

plus aisément; ils le sont aussi dans les pays les mieux outillés, les plus développés. Or le meilleur marché est un avantage précieux; on ne peut assez l'encourager. C'est ce qu'il faut faire en ouvrant largement les portes aux produits étrangers, au lieu de hausser les prix en les fermant. L'intérêt des consommateurs, qui est l'intérêt de tous, réclame la *liberté du bon marché*. Soutenir une industrie aux dépens de tous, ne se doit, ni ne se peut. Le bien suprême, dit M. Leroy-Beaulieu, ce n'est pas le travail, mais l'abondance et le bon marché des produits.

133. *d)* L'industrie « protégée », loin d'y gagner, ne peut que s'énerver et s'étioler au régime de la tutelle. Sûre de trop faciles profits, elle s'abandonne à la routine, loin de se perfectionner et enfin, par une production exagérée, fait retomber les prix même sur le marché national. Au contraire, sous l'aiguillon de la concurrence, elle lutte et se fortifie. Sans doute quelques industries ne supporteront pas ces conditions et succomberont dans la lutte devant les concurrents étrangers; ce sont les faibles, les *malingres*, dont la vie n'eût d'ailleurs pas procuré de richesse à la société. Les *viables*, les robustes, au contraire, grandiront pour le bien général. La répartition des industries se fera selon la vérité, et non d'après les artifices de la législation.

134. *e)* Les industries se tiennent mutuellement; la protection, donnée à l'une, grève et en-

travé les autres; elle élève les salaires, hausse les prix des machines, des matières, et en somme appauvrit le pays et diminue la fabrication. L'impôt sur les fils gêne les tisseurs, celui sur le fer élève les machines, etc.

135. *f*) Tout le monde reconnaît les avantages des échanges mutuels et des communications internationales. On crée les chemins de fer et toutes les voies rapides pour rapprocher les peuples et personne n'y contredit. Puis, après avoir percé les montagnes par des tunnels, les isthmes par des canaux, on met aux extrémités une armée de douaniers pour entraver le résultat de ces gigantesques travaux. Pourquoi donc alors les entreprendre au prix de tant de sacrifices !

136. Pas plus que les protectionnistes, tous les partisans du libre échange ne sont également intransigeants. Bastiat, qui a mené en France, comme Cobden en Angleterre, la grande campagne réformiste de 1848, soutient le principe absolu sans transactions d'aucune sorte; il admet cependant à l'entrée des marchandises, des taxes *fiscales* n'ayant que le caractère d'un impôt et non d'une protection, ce qui est assez malaisé à concevoir et suppose des taxes bien faibles. D'autres, la plupart, admettent des tempéraments à l'application du libre échange; ils concèdent qu'il faille y faire exception pour certaines industries; qu'il faille exiger la réciprocité de traitement entre les nations; qu'il faille surtout prendre des

précautions et ne pas brusquer la transition d'un régime protecteur à la liberté. Il y a même, nous l'avons dit, des économistes, se disant libre-échangistes, qui admettent des droits *compensateurs*.

§ 4. *La politique commerciale pratique.*

137. De ces arguments contraires tâchons de dégager la solution, non seulement théorique, mais aussi pratique et conforme aux vrais intérêts publics.

a) La liberté des échanges est la thèse ; c'est l'état qui résulte le plus naturellement de la société internationale ; c'est aussi une conséquence logique de la liberté industrielle. Enfin elle réalise le bon marché des produits. Ces arguments *a priori* sont confirmés par les considérations de fait de la différence des produits, etc. que nous avons indiqués. Si le libre échange est possible, il faut le réaliser. Mais ces considérations sont combattues par d'autres qui les limitent.

b) La division de l'humanité en nations est un fait dont il est absurde et erroné de ne pas tenir compte. Chacune a sa vie propre, son indépendance, ses intérêts dont les particuliers et les gouvernements doivent avoir soin. Si donc des intérêts graves de vie nationale demandent des restrictions à la liberté des échanges, il en faut faire, comme on en fait chaque jour, à la liberté de la propriété et même des personnes. La bienveillance internationale, qui est le principe du droit des gens chrétien, ne peut obliger une nation à sacrifier sa propre indépendance ou son propre développement. Il est au contraire du devoir d'une nation d'assurer le perfectionnement de son organisme social, et nous avons dit ailleurs que le pouvoir doit la diriger et l'aider dans cette tâche. Les exigences de la vie nationale peuvent entraîner des restrictions nécessaires à la liberté des échanges quand même elles imposeraient un sacrifice aux producteurs étrangers et à des consommateurs indigènes.

Voilà les principes que nous croyons vrais en cette matière. Il ne s'agit pas, comme le reproche Bastiat à quelques adversaires, de dire que « le libre échange est vrai en principe », puis d'être inconséquent. Non. Nous disons qu'*il n'y a pas ici de principe unique :* il y en a trois : celui de l'économie privée, celui de l'économie internationale et celui des nationalités. C'est de leur combinaison que doivent jaillir les applications pratiques. Rien ne nous paraît plus fâcheux en pareille matière que les systèmes exclusifs qui compromettent des intérêts vraiment graves pour une idée fausse ou incomplète, qui laissent périr une industrie plutôt qu'un prétendu principe. Nous sommes loin de soutenir que les conclusions soient aisées à déduire. Rien, au contraire, n'est plus difficile, mais nous ne pouvons entrer dans le détail de la politique commerciale. Il n'y a moyen ici que de poser certaines règles générales qui feront juger de la complication du problème et de la multiplicité des faces sous lesquelles il convient de l'envisager.

138. Pour savoir s'il y a lieu ou non de protéger une industrie, s'il y a pour le faire une *raison suffisante*, il faut, semble-t-il, examiner les points suivants :

a) L'industrie en question intéresse-t-elle sérieusement la vie nationale ? Il importe beaucoup de ne pas confondre l'intérêt de certains industriels avec l'intérêt général. Les considérations politiques ont souvent ce danger. La protection dégénère alors en un prélèvement opéré sur le pays au profit d'un groupe plus ou moins influent; elle élève les prix, gêne les autres industries et ne peut être que dommageable à la nation.

b) Quelle charge le droit protecteur inflige-t-il aux consommateurs ? L'effet ordinaire d'un droit est de faire monter les prix, bien que cet effet ne soit point infaillible. Dans tous les cas, c'est donc un sacrifice demandé à la masse, au nom de l'intérêt général qu'il y a à sauver cette industrie. Il faut mettre en balance la grandeur de cet intérêt et celle du sacrifice. — Dans l'estimation de celui-ci il faut prendre garde de se laisser duper par les apparences. Il y a entre les industries une solidarité que nous avons signalée. Voici ce qui en résulte : Si l'on ne considère que les consommateurs *comme tels, on ne voit* que la perte qu'ils font par la hausse du prix. Mais il y a aussi *ce qu'on ne voit pas :* les consommateurs sont presque tous en même temps producteurs ou intéressés à la prospérité d'une industrie, sauf les fonctionnaires, les simples rentiers, etc. Il s'en suit que, ce qu'ils perdent d'un côté, ils peuvent le rattraper de l'autre par l'augmentation de recettes qui va leur arriver sous forme de profits, salaires, etc. Il y a là des répercussions dont il faut tenir compte. Un consommateur préfèrera payer 25 centimes un objet quand il gagne une grosse journée que 10 centimes si le travail chôme et qu'il ne gagne rien. On le voit, tout se tient dans l'ordre industriel, et une observation incomplète peut être funeste. Sans doute, le travail n'est pas le bien suprême, mais le bon marché ne l'est pas davantage. C'est leur équilibre qui est nécessaire.

c) *L'industrie protégée a-t-elle besoin de cette faveur?* Voilà donc un point nouveau à examiner. Ne peut-elle prospérer sans elle et la faveur n'est-elle pas simplement une prime à l'insouciance, à la routine? N'y a-t-il pas lieu d'établir des mesures *provisoires*, de limiter les faveurs ? Au-delà des limites nécessaires, le système protecteur devient un injustifiable privilège.

d) *Enfin il faut examiner les dispositions des marchés étrangers.* Des mesures de tarifs ne provoqueront-elles pas des représailles qui pourraient enlever à l'industrie nationale d'importants débouchés extérieurs et paralyser les effets qu'on voulait atteindre, faire même au pays un tort dépassant l'avantage direct du tarif. La Belgique en particulier, peu étendue, toute entourée de douanes, vivant des marchés étrangers, doit avoir grand égard à ces considérations externes. D'autre part, si les autres pays imposent des produits nationaux, dans quelle mesure convient-il d'user soi-même de représailles ? La réciprocité est une mesure politique plutôt qu'un système économique. C'est un moyen diplomatique de déterminer les voisins à renoncer à une mesure nuisible. Les protectionistes anglais demandent la réciprocité, le commerce loyal, *fair trade*. En réalité, c'est un moyen politique dont il faut débattre l'opportunité à propos des traités de commerce, etc.

Tout ceci revient en somme à examiner s'il y a, pour restreindre la liberté commerciale une raison sérieuse de progrès national envisagé au point de vue du *vrai bien général* du pays. La protection nécessaire, soit ; mais pas de protection sans raison suffisante !

139. On voit assez, d'après ce qui précède, que la politique commerciale peut avoir bien des nuances diverses, d'après les pays et d'après les époques, tout en ayant pour but de développer les forces nationales et de les rendre capables, par les moyens légitimes, de soutenir la lutte de la concurrence sous le régime le plus libre possible. M. René Lavollée exprime parfaitement

cette pensée dans l'introduction à son ouvrage sur *Les classes ouvrières en Europe*. Beaucoup d'hommes pratiques, et surtout d'hommes d'Etat, s'y rallient et l'appliquent. L'exposé législatif que nous tracerons bientôt en fera la preuve. Convenons d'ailleurs que cette sagesse pratique dont List, le père du *Zollverein* allemand, a été le plus habile théoricien, est reconnue par beaucoup d'esprits judicieux. Reconnaissons aussi que les libre-échangistes, même les plus intransigeants, avouent qu'il faut aller modérément aux applications.

§ 5. *Tarifs généraux et traités de commerce.*

140. L'organisation pratique du régime douanier rentre tout naturellement dans l'étude des recettes publiques. Nous l'étudierons donc de préférence en parlant des finances. Mais il importe de savoir la manière dont se détermine le régime commercial d'un pays. Faut-il le faire, d'une manière en quelque sorte *unilatérale*, par un tarif général autonome ; ou bien faut-il arranger les affaires avec chaque état en particulier par voie de convention ? Vaut-il mieux enfin combiner les deux moyens ? Il y a des partisans des diverses opinions. MM. Cauwès et Hervé-Bazin ont fort bien résumé les arguments qu'on a fait valoir à la *commission du tarif des douanes* de France. Les partisans du tarif général invoquent la liberté

douanière et la faculté de procéder aux révisions nécessaires ; ils soutiennent aussi que, dans les traités, la garantie parlementaire est paralysée et qu'on est obligé aussi à plus de concessions. Les partisans des traités se réclament d'autres considérations qui ont également leur valeur : la stabilité que donne ce traité aux conditions commerciales qui ne peuvent être changées avant l'échéance, or cette fixité est un avantage précieux quand même il faudrait l'acheter au prix de quelques sacrifices — les concessions réciproques que procurent les traités et qui sont avantageuses aux deux pays, tandis que le tarif autonome pourrait aboutir plus aisément à une guerre de tarifs — la possibilité de transformer insensiblement son système économique comme l'ont fait la Belgique et la France après 1860 ; le tarif belge de 1866 n'est que l'extension des traités. Si le contrôle parlementaire est moins actif, il est aussi moins à craindre de voir remanier les tarifs d'une manière fréquente et sous l'empire de considérations parfois étrangères à l'intérêt général.

141. Les tarifs conventionnels réglés par traité de commerce varient évidemment de nation à nation ; la situation est donc variable à chaque frontière. Dans l'idée de la protection rationnelle, il doit en être ainsi. Cependant, il devient de coutume générale d'introduire dans les traités la clause dite *de la nation la plus favorisée* par laquelle les cocontractants se promettent mutuel-

lement le traitement le plus avantageux qu'ils accorderont dans l'avenir à une nation quelconque. Les avis relatifs à l'utilité de cette clause sont également fort partagés, bien qu'elle figure actuellement dans la plupart des traités. On y objecte qu'un article d'un tarif conventionnel entraîne, avec cette clause, une modification immédiate au tarif général et qu'ainsi tous les traités portent en eux-mêmes une infirmité essentielle. Les libre-échangistes y voient un moyen d'étendre leur système, mais ce pourrait être aussi une entrave à la négociation et à la conclusion de traités nouveaux. Les gouvernements y tiennent à cause de la préférence qu'un traitement plus favorable peut donner à ceux qui en bénéficient; mais ne pourrait-on pas interdire, pour certains produits, de favoriser d'autres nations? Quoi qu'il en soit, cette clause est devenue de style dans la plupart de nos conventions commerciales.

142. Le régime des traités, surtout avec la clause que nous venons de signaler, réduit notablement le rôle des tarifs généraux. En France, après la série des traités de 1860, c'était encore le tarif restrictif de 1816 qui était en vigueur, mais dont l'application était fort réduite. En 1878 la commission du sénat français proposa deux tarifs généraux, l'un pour les nations accordant à la France le traitement de la nation la plus favorisée; l'autre plus élevé pour les autres pays.

§ 6. *Législation des tarifs commerciaux.*

143. Nous ne pouvons, malgré l'intérêt que présenterait cet aperçu, parcourir la législation douanière des diverses nations. Il y a dans chaque pays des tendances générales de politique commerciale, résultant de l'ensemble de leur situation. Jetons d'abord un coup d'œil sur l'histoire douanière de la Belgique. Nous en trouvons les éléments dans l'*Essai sur la législation économique*, publié par M. Schaar, en 1880, dans *Cinquante ans de liberté*, puis dans les *Exposés de la situation du royaume*, surtout le dernier, de 1860 à 1875, œuvre remarquable de la commission centrale de statistique.

144. La Belgique avait obtenu son indépendance sous un régime assez prohibitif et son premier tarif général, décrété par la loi du 7 avril 1838 comporte de nombreux droits protecteurs. Elle travailla pendant plusieurs années, dans le même esprit, à organiser son système national. En 1840, commença une enquête parlementaire qui aboutit en 1844 à une importante discussion à la Chambre sur les droits différentiels. Ces droits furent établis sur le pavillon et sur la provenance par la loi du 21 juillet 1844 qu'organisa une série d'arrêtés royaux d'exécution. De même la loi du 21 mars 1846 décréta la publication d'un tarif général.

145. Depuis 1847, la législation commerciale fut l'objet de révisions ininterrompues. Les lois et tarifs que nous venons de mentionner furent insensiblement modifiés par des lois partielles, si bien que les parties principales elles-mêmes disparurent. La loi du 19 mai 1856 et celle du 18 décembre 1857 complétèrent et consacrèrent la révision du système, la suppression des droits différentiels et de presque tous les droits de sortie et la réduction des droits d'entrée. On subissait l'influence de la campagne libre échangiste de Cobden, Bastiat, etc. Cette révision, déjà très avancée en 1860, fut complétée par une série de traités de commerce. Ceux-ci s'inspiraient de l'exemple du célèbre traité conclu le 23 janvier 1860 entre MM. Gladstone et Cobden pour l'Angleterre, Rouher et Baroche pour la France, et inaugurant entre ces deux pays un régime relatif de libre échange.

146. La série des traités conclus par la Belgique, notamment celui du 1 mai 1861 avec la France, avait les mêmes tendances, sans être cependant du libre échange complet. Les transformations apportées à notre régime par les conventions nécessitèrent la révision du tarif général. Elle fut ordonnée par la loi du 14 août 1865, généralisant les tarifs conventionnels. Le tarif nouveau fut approuvé le 30 mars 1866. La marche de la Belgique dans la voie du libre échange ne s'arrêta pas. Les denrées alimentaires étaient restées sou-

mises à des droits d'entrée. Une loi de 1871, confirmée à titre définitif par la loi du 4 janvier 1873 les supprima.

147. Depuis cette époque, la Belgique demeura dans les mêmes tendances de libre échange mitigé; le nouveau traité de commerce conclu avec la France, en 1882, ne manifeste pas un esprit différent de la part de la Belgique, mais on se ressentit fortement de la réaction protectionniste de la France et de son nouveau tarif général de 1881. Notre politique commerciale n'est pas systématiquement libre-échangiste *d'une façon absolue*. Elle tâche de tenir compte des circonstances et ménage les situations acquises. Nous ne disons pas que l'appréciation des utilités fut toujours la vraie et que notre système douanier soit parfait; nous ne pouvons entrer dans l'examen détaillé des droits existants; mais la tendance générale des gouvernements fut modérée. Les uns furent plus libre-échangistes, les autres moins, mais sans réactions violentes. Sans apprécier ici divers actes de notre politique commerciale qui pourraient donner lieu à critique, nous ne pouvons qu'applaudir aux principes de modération et de sagesse gouvernementale qu'exprimait récemment encore M. Malou, en séance du Sénat, le 12 sept. 1884.

148. Nous ne pouvons faire l'histoire des systèmes commerciaux dans les divers pays. L'Angleterre, après avoir été protectionniste pendant des siècles, pouvait ouvrir ses portes sans crain-

dre désormais la concurrence. Elle s'était armée pour la lutte. En 1838, commença le mouvement anglais pour le libre échange, dirigé par Cobden. Celui-ci, à la tête de l'*Anti Corn law League* de Manchester, ébranla d'abord le protectionisme agricole. Le système tout entier tomba ensuite pièce par pièce. L'Angleterre apparaît dès lors comme la terre classique du libre échange ; mais depuis quelques années, il semble s'y produire une sorte de réaction et le système du *fair trade* ou de la réciprocité y prend de la consistance.

149. La France suivit plus lentement la même voie. La campagne de 1848 menée par Bastiat n'eut aucun succès. Les tarifs restèrent prohibitifs jusqu'en 1860, date du traité déjà cité avec l'Angleterre ; il y eut alors des réductions considérables de droits. Ce n'était pas encore du libre-échange, mais c'était un grand pas dans cette voie. Les résultats de cette politique nouvelle sont fort controversés ; industriels et théoriciens discutent encore vivement les effets du régime de 1860. Depuis quelques années il y a en France, comme en presque tous les pays, un revirement contre le libre-échange. Parmi ses causes, M. Cauwès signale le développement considérable des manufactures anglaises et le progrès de l'Amérique. C'est sous l'empire de cette réaction que s'est fait le tarif du 7 mai 1881 qui marque au moins un arrêt dans la politique du libre-échange.

150. La politique commerciale de l'Allemagne précède son unité politique. Elle date de l'Union douanière, *Zollverein*, due à l'inspiration de List. Dans cette Union la Prusse représentait le libre-échange que contenait l'opposition des Etats du Sud. Depuis la constitution de l'Empire, le système ne fut guère changé avant 1880, date de la conversion du prince de Bismark au protectionisme : « Mieux vaut, dit-il, changer que périr. »

151. Les Etats-Unis, sous l'influence prépondérante du Nord, depuis la guerre de sécession, sont résolument protectionnistes, bien qu'il y ait une tendance à la réduction des droits. Cette politique est l'objet de vives controverses. Il semble incontestable que les Etats-Unis ont dépassé la mesure d'une protection rationnelle. En protégeant tout, on arrive à tout renchérir et à empirer plutôt qu'à améliorer les conditions de l'industrie. Mais s'il y a eu des excès, une fièvre protectionniste, on ne peut nier cependant le développement de l'industrie américaine et l'exposition de Philadelphie a prouvé son importance. La protection excessive a une tendance à baisser. L'industrie américaine constituée pourra d'ailleurs lutter un jour, bientôt peut-être, contre celle de l'Angleterre et de l'Europe. C'est bien là le but d'une politique qui a été celle de l'Europe elle-même, à certaines époques et qu'exprimait le président Grant en 1879 en parlant du libre-échangisme anglais : « L'Amérique en fera autant lorsqu'elle sera prête. »

CHAPITRE V. — Moyens de transport et voies de communication.

§ 1. *Système et rôle des divers réseaux.*

152. La facilité et la multiplicité des transports est assurément un des faits sociaux les plus caractéristiques de notre époque. Ce développement est dû surtout à l'application des moteurs à vapeur ; les chemins de fer, ces « deux tringles de fer », dont se moquait Arago, ont changé la face de l'Europe. Cette transformation s'est opérée aussi bien pour la navigation que pour les transports terrestres.

153. M. A. de Foville a écrit sur *la transformation des moyens de transport* un mémoire classique qui fourmille d'intéressants détails. La vitesse d'un homme ordinaire ne peut guère dépasser 32 kilomètres par jour d'une manière régulière ; un bon cheval ordinaire attelé peut faire 10 ou 12 kilomètres par heure, cependant en France, l'édit de 1623 n'exigeait des entrepreneurs de voitures publiques que 8 ou 9 lieues par jour. Les *diligences* dont, grâce à l'amélioration des routes, la rapidité augmenta beaucoup, faisaient, en moyenne, y compris les arrêts, 2.2 kilomètres par heure au XVIIe siècle, et 9.5 en 1848. Peut-on comparer ces *rapidités* dérisoires avec celle des chemins de fer qui atteint jusqu'à 80 kilomètres par heure sur la ligne de Londres à Bristol. Tous

les pays n'ont pas subi également la transformation des moyens de transport. Mais la Belgique est sous ce rapport un des mieux outillés. Tout récemment, à propos du cinquantenaire des chemins de fer belges (1885), les rues de Bruxelles ont vu défiler le cortège historique des moyens de transport depuis le char primitif jusqu'à l'invention de Stephenson.

La navigation n'a pas fait de moindres progrès. La rame, longtemps moteur principal, a de plus en plus été remplacée par la force bien combinée de l'air, et la science des itinéraires maritimes a accéléré la marche des voiliers. D'autre part, depuis le début de ce siècle la vapeur s'applique aussi à la navigation grâce aux découvertes de Jouffroy et de Fulton.

154. Nous ne pouvons nous donner ici le plaisir archéologique d'exposer l'histoire des voies de communication et les débats auxquels a donné lieu l'invention des chemins de fer. Ce débat est clos aujourd'hui par une expérience décisive. Ce n'est plus que par une curiosité, d'ailleurs très naturelle, qu'on relit les discussions qui ont précédé la première concession de chemins de fer européens. Elle date en Belgique de la loi du 1 mars 1834 due à l'initiative de Charles Rogier. L'histoire des transports, des chemins de fer et de leur mouvement en Belgique, ainsi que des tarifs dont nous parlerons bientôt, se trouve dans les *Exposés de la situation du royaume, les comptes-rendus*

du ministère des travaux publics, etc. M. Schaàr les a résumés avec d'autres indications dans *Cinquante ans de liberté* (1880) et M. Nicolaï sous ce titre : *Les chemins de fer de l'Etat en Belgique* (1834-1884).

155. Les voies de communication, prises dans leur ensemble, sont de divers ordres : la voirie par terre, ferrée ou non ferrée, et les voies navigables. Les voies navigables sont maritimes ou intérieures. La voirie par terre est grande ou petite; ferrée, elle comprend le réseau des chemins de fer et celui des tramways; non ferrée, celui des grandes routes et des chemins vicinaux. Chacune de ces voies ont leur importance et leur rôle à jouer dans l'économie de la circulation.

156. Mettant à part les communications maritimes, certaines gens ont longtemps cru que le chemin de fer allait remplacer la navigation intérieure et le roulage et que c'était surtout à le développer que devaient s'appliquer les gouvernements. C'est une complète et funeste erreur. Les chemins de fer ne sont pas appelés à *remplacer* les autres voies. « En matière de voies de communication, dit fort bien M. de Foville, il y a moins de rivalités meurtrières que de fécondes solidarités. » Tâchons d'expliquer cette vérité que Michel Chevalier a eu le mérite de proclamer au moment même du premier enthousiasme des voies ferrées.

157. *a) Les routes.* Les chemins de fer, qui exigent des frais considérables, des installations

dispendieuses, un personnel nombreux, ne peuvent utilement s'établir que là où il y a espoir de susciter un trafic suffisant, soit directement, soit par l'apport donné à d'autres lignes. On ne peut faire des chemins de fer partout, entre toutes les localités. Le chemin de fer, pour vivre, doit être alimenté lui-même par l'apport d'autres voies qui mettent tout le pays en relation avec ses gares, sur chacun de ses points. Les routes sont donc l'indispensable aliment des voies ferrées, elles sont les affluents du fleuve de grand trafic.

En réalité, le chemin de fer n'a pas nui à la circulation sur les routes. Elle a diminué, sans doute sur les voies parallèles aux chemins de fer, mais elle s'est accrue sur les routes perpendiculaires, et en somme n'a pas été réduite. Le chemin de fer exerce son influence sur la direction des trafics. Un simple calcul, fait par MM. Cheysson et de Foville, explique parfaitement l'étendue de « la sphère d'attraction latérale » et le déplacement de circulation que subissent les routes parallèles ou peu obliques au bénéfice des routes transversales ou perpendiculaires.

Ce qui est vrai des routes, l'est également des chemins vicinaux. Le système d'*affluence* est universel.

On a beau multiplier les voies ferrées, on ne parviendra pas à supprimer le roulage, car il y aura toujours des points à relier et des communications locales à opérer. Le système des chemins de fer vicinaux a étendu le domaine de la voie ferrée. Ce sont des *voies ferrées affluentes* qui, sagement organisées, peuvent rendre d'immenses services, mais ne supprimeront point le rôle du roulage. Notre cadre ne nous permet point de pénétrer dans l'économie financière de la vicinalité. Les lois belges du 28 mai 1884 et du 25 février 1885 sur les chemins de fer vicinaux sont appelés à activer considérablement la circulation.

158. *b) Les voies navigables.* La même erreur a pu faire négliger les routes et les canaux. Cependant, si répandue qu'elle soit, des hommes compétents se sont évertués à la déraciner. Les voies navigables, par les frais très réduits qu'elles nécessitent, ont un rôle spécial à jouer dans la circulation. Ce rôle est résumé de la manière suivante par M. de Freycinet : « On a reconnu que les voies navigables et les chemins de fer sont destinés non à se supplanter, mais à se compléter. Entre les uns et les autres s'effectue un partage naturel d'attributions. Aux chemins de fer va le trafic le moins encombrant, celui qui réclame la vitesse et la régularité et qui supporte le mieux les frais de transport. Aux voies navigables reviennent les marchandises lourdes et de peu de valeur. Les voies navigables remplissent encore une autre destination. Par leur seule présence, elles contiennent, elles modèrent les taxes des voies ferrées... » En résumé, comme le dit M. Krantz, le réseau des voies navigables reste l'instrument essentiel des transports à bon marché, et le pondérateur utile, même nécessaire, de la puissance des chemins de fer. Au chemin de fer : rapidité, mais tarif supérieur ; aux voies navigables : lenteur, mais bon marché ; or bien des marchandises supportent la lenteur et désirent le bon marché.

Bien des ingénieurs, pour faciliter le rôle des voies navigables, demandent leur organisation économique régulière. Cette idée défendue en Belgique par M. l'ingénieur Finet, a déjà été plusieurs fois reprise au sein du parlement.

Ici encore, nous devons renoncer, à regret, à l'étude technique de ces organisations.

159. L'industrie des *transports maritimes* a subi aussi, nous l'avons dit, de grands perfectionnements. Il ne peut nous convenir de parler ici de la marine de guerre ; mais la marine marchande a été transformée et aggrandie. On a distingué dans la marine marchande trois catégories : la *pêche*, le *cabotage* qui rapprochait par la côte les points extrêmes du territoire et que le chemin de fer a presque détruit, et enfin la navigation internationale qui est la marine de concurrence, en rapport obligé avec les étrangers. La marine marchande joue un très grand rôle dans l'économie commerciale. Il importe à toute nation d'avoir sa marine nationale afin que le fret de retour appartienne à son pavillon, qu'elle ne devienne pas simple pays de transit ou d'entrepôt et que son

industrie ne soit pas à la merci des marines rivales. La France a longtemps négligé sa marine qui, tombée du second rang qu'elle occupait naguère après l'Angleterre, a bien diminué encore. En 1876 et 1879 l'assemblée nationale fut saisie de propositions tendant à relever la marine. M. Lecesne, député du Hâvre, fit de son rapport un remarquable mémoire sur la marine marchande.

L'Angleterre est à la tête des pays marchands. La Belgique n'a point de marine nationale; les ports belges depuis longtemps s'enrichissent du commerce de *transit* : le pavillon disparaît des mers et on a renoncé jusqu'ici aux avantages que sa splendeur ajouterait à la richesse de la nation.

§ 2. *Tarifs et prix de transport.*

160. Le développement des voies de communication n'a pas porté seulement sur l'extension de leur réseau, mais aussi sur la réduction de leur prix. L'invention des chemins de fer, d'après les calculs faits par M. de Foville pour la France, a réduit le prix de transport des voyageurs de 57 à 60 p. c.; celui des marchandises, de 75 p. c. On peut estimer en moyenne à fr. 0,25 le prix de transport, moyen de l'ancien roulage pour la tonne kilométrique; aujourd'hui, en France, si le tarif de grande vitesse est de fr. 0,36, il tombe, selon les classes, à fr. 0,16; 0,14; 0,10; 0,08 et même 0,04,

Le roulage actuel est d'environ 0,20, tandis que la tonne kilométrique tombe aux environs d'0,1 pour les canaux.

161. L'organisation des tarifs est une question très complexe. Dans leur détermination entrent une foule de considérations : d'abord il faut chercher à couvrir les frais ; or il y a des frais de toute nature ; des frais fixes comme la manutention, les manœuvres ; et des frais variables comme la traction, l'usure du matériel, etc. ; puis il faut tenir compte des intérêts du trafic de chaque marchandise. Ce sont deux intérêts à combiner, car il faut, autant que possible, que l'exploitation soit commerciale, c'est à dire se suffise à elle-même. Nous réservons d'ailleurs cette question générale pour la partie de notre cours où nous parlerons des industries du gouvernement et des finances. La baisse du tarif ne constitue d'ailleurs pas une perte équivalente pour l'exploitation. Il arrive souvent que le trafic augmente quand le prix baisse. Il faut donc tenir compte de l'*extensibilité* du trafic.

162. Il y a divers systèmes d'organisation des tarifs. Il nous est impossible d'en faire ici, avec détail, l'étude financière ; mais nous allons en fixer les traits essentiels.

a) Tarif kilométrique fixe. C'est le système qui paraît à première vue le plus simple ; autant par kilomètre. Ce système cependant ne répond pas à la réalité. S'il y a des frais qui augmentent avec la distance, il n'en est pas ainsi pour tous, nous l'avons dit. De plus, pour les marchandises ce tarif arrive à des chiffres élevés et très onéreux.

b) Tarif kilométrique à base décroissante. C'est le système le plus rationnel et qui, appliqué d'abord en Belgique aux marchandises, a gardé le nom de *système belge*. La distinction des frais fixes et variables a amené la création de ce tarif. En 1861, on adopta la réduction de la taxe en raison de l'allongement du parcours. La pratique en fut généralisée en Belgique à partir de 1865. Malheureusement ce système rationnel est difficilement applicable aux longs parcours des grands pays. Pour le faire on serait obligé ou de charger fortement les distances initiales ou d'arrêter la décroissance. En Belgique déjà on se plaint de l'élévation des *minima*.

c) Tarif commercial. Ce système, qui est usité en France, proportionne les prix à la valeur des marchandises et à l'importance du trafic. A part la question des risques du transport, ce système se base sur cette considération qu'un prix élevé grève moins une marchandise chère qu'une autre à bon marché. Il s'établit alors des compensations entre les prix. La Belgique admet aussi cette considération et les chiffres de son tarif varient d'après plusieurs *classes* de marchandises, dont la répartition est parfois critiquée.

d) Tarifs fermes spéciaux. On entend par là des exceptions faites au tarif général en faveur de certaines villes ou de certaines industries pour en encourager le trafic. De là des prix dits *de gare à gare;* des prix spéciaux en faveur de certains produits. Ce système est l'objet de vifs débats contradictoires, où les tarifs spéciaux sont combattus au nom de la justice et de l'unité, ou défendus au nom des intérêts commerciaux. Il existe un grand nombre de ces tarifs spéciaux, soit à l'intérieur, soit pour le transit ou l'exportation. Il est nécessaire de prévenir les abus, que l'exploitation soit ou non aux mains de l'Etat.

163. La complication des tarifs et leur variété constitue un gros embarras. Il est des pays où il est fort difficile et même impossible de s'y retrouver. L'unification du système aurait de grands avantages, mais il est impraticable d'une façon absolue.

164. A la question des tarifs se rattache intimement celle des risques et de la responsabilité des transporteurs. Elle donne lieu à de nombreux débats; en 1883 la conférence internationale de Berne a adopté un projet de convention internationale sur le transport des marchandises par chemin de fer. Les gouvernements-entrepreneurs de chemins de fer parviennent trop aisément à réduire leur responsabilité. C'est ce qui est arrivé en Belgique, non pour les voyageurs, mais pour les marchandises, où on accepte, à titre de contrat tacite, les conditions d'un *livret règlementaire* publié par l'Etat-transporteur. Le livret

belge actuel et ses tarifs normaux datent du 1 février 1881.

165. La question des tarifs, ou prix de transport, présente en tout genre une haute importance. Dans l'ordre des transports maritimes, ou de la marine marchande, elle revêt une gravité exceptionnelle. Le prix des transports maritimes s'est réduit dans de très fortes proportions et on circule aujourd'hui sans trop de frais autour du monde. Le prix de transport des marchandises, ou *fret* maritime varie beaucoup. Il est très essentiel au développement d'un port ou d'un commerce national et dépend de bien des circonstances dont le détail dépasse notre cadre ; nous ne pouvons pénétrer ni dans les règles pratiques du droit commercial, ni dans l'analyse de notre régime maritime.

§ 3. *Effets du développement des communications.*

166. Personne mieux que M. de Foville, dans le mémoire déjà cité, n'a exposé ces effets que nous allons indiquer brièvement. Il ne s'agit plus seulement de la célérité et du bon marché des transports eux-mêmes, mais des effets indirects que produisent ces deux phénomènes. On peut les résumer dans les points suivants.

167. *a) Les prix s'unifient sur les marchés et demeurent plus fixes.* Ce résultat est très naturel.

Quand un déficit se produit dans l'approvisionnement d'un marché, le commerce s'empresse d'y transporter le pléthore d'une autre région. L'effet de cet *arbitrage* est de relever les prix d'un côté pour les abaisser de l'autre, ce qui produit une sorte de nivellement. Autrefois les prix étaient fort différents à de petites distances parce qu'il en coûtait trop de peines et de frais de faire les transports. Il pourrait y avoir abondance en Bretagne et disette en Provence, avec les énormes écarts de prix que comportent ces situations. Aujourd'hui c'est impossible et les différences de niveau s'aplanissent. Par le fait, aussi, la valeur est moins variable, car le nivellement se produisant chaque année, les causes d'oscillations se trouvent atténuées.

b) Le commerce se développe et se transforme. Il est certain que le nombre des marchandises transportées s'accroît dans des proportions considérables, tant à l'intérieur qu'au dehors. D'autre part, par la facilité de se pourvoir, le nombre des intermédiaires se restreint.

c) L'industrie acquiert de nouveaux débouchés.

d) La répartition de la population se modifie. Elle s'agglomère davantage à cause de la facilité de traiter des affaires, même de loin. Cette transformation, qui aggrandit les villes et surtout les capitales, n'est pas un avantage, mais c'est un effet de la transformation des véhicules.

168. Nous nous bornons à signaler ici les effets

d'ordre économique. Il est certain qu'il y en a bien d'autres, d'ordre politique et social et en particulier l'unification, le nivellement des idées et des mœurs, la rapide diffusion des nouveautés, la facilité des transformations politiques et le progrès de la centralisation administrative. Tout n'est pas heureux dans ces résultats, mais le mal n'est pas la conséquence nécessaire de ces transformations. Si le chemin de fer peut apporter l'erreur, comme l'imprimerie, il peut aussi porter la parole de Dieu et permettre la propagande du vrai et des inventions utiles ; s'il unifie les habitudes, il unit aussi davantage et les compatriotes et même les peuples ; s'il facilite la centralisation, il donne aussi de l'élan à l'initiative privée. Il peut donc, dans l'ordre social, servir au bien comme au mal. Il en est ainsi de toutes les choses de ce monde.

§ 4. *Les correspondances.*

169. Les moyens de correspondance sont un élément essentiel de communication. Le transport des lettres, organisé en France dès le moyen âge par les *messageries*, s'était régularisé sous l'ancien régime, mais les prix proportionnels aux distances étaient fort élevés. Ce fut, en 1837, après la découverte du chemin de fer, que l'Angleterre prit l'initiative d'une grande réforme réduisant et uniformisant la taxe d'affranchissement à 10 centimes. En France, on ne la fit

qu'en 1848, au prix de 20 centimes, qui a été réduit ensuite. En Belgique, depuis 1847, on avait le taux de 10 centimes en déans les 30 kilomètres, et 20 au delà. Ce n'est qu'en 1870 qu'on tomba au taux uniforme de 10 centimes pour les lettres simples.

Nous ne pouvons entrer ici dans le détail de l'organisation postale qui comprend les cartes postales, les exprès, les chargements, les échantillons, etc. Loi belge du 30 mai 1879.

169. La correspondance internationale subit aussi de grands changements dont nous ne pouvons parler ici. L'union postale internationale constituée en 1875 par le traité de Berne et étendue en 1878, constitue dans cet ordre un immense progrès. La taxe uniforme y est de 25 centimes pour 15 grammes en destination de la plupart des pays ; de 35 centimes pour quelques-uns.

Dans aucun service on n'a mieux constaté combien les réductions de prix augmentaient le trafic, tout en tenant compte dans une mesure raisonnable de l'extensibilité possible de la correspondance.

170. Le télégraphe a donné aux correspondances un élan immense de puissance et de rapidité qui est appelé à se développer encore. Le télégraphe privé fut ouvert au public belge en 1846, celui de l'Etat date de 1850. L'histoire de son tarif dépasse nécessairement notre cadre. Une convention internationale règle aussi les relations

télégraphiques. Le téléphone qui date d'hier joue déjà un grand rôle qui est appelé à recevoir une extension importante.

CHAPITRE VI. — L'esprit d'entreprise et les relations commerciales.

171. Le développement de l'esprit d'entreprise et des relations internationales est certes un puissant élément de prospérité ; mais rien n'est plus malaisé à définir, n'est moins susceptible de règles. L'esprit d'entreprise appartient au génie de la race, et les Anglo-Saxons ont sous ce rapport des qualités maîtresses qui leur ont assuré un grand empire économique. Tout cependant n'est pas purement spontané dans ces progrès, et il y a moyen de donner aux entreprises des facilités et de l'élan. Comment donc favoriser et encourager l'expansion des industries nationales et du commerce ? Il y a dans les éléments de ce progrès une large part qui incombe à l'initiative privée ; le pouvoir peut y coopérer.

172. L'éducation a sur cette initiative une influence indéniable. Il faut apprendre de bonne heure à compter sur soi-même au lieu d'apprendre à compter sur l'Etat ou sur le patrimoine de la famille. C'est bien le caractère de l'éducation anglaise. Puis l'instruction vient s'y joindre. L'enseignement des langues vivantes, l'étude de la géographie non seulement politique, mais phy-

sique et économique, la lecture des livres de voyages, l'habitude de voyages d'études bien préparés et bien dirigés, tout cela dispose les esprits aux entreprises qui doivent relier les divers pays. Sans doute, il faut se garder des entreprises téméraires, mais il faut se préparer aux initiatives hardies tout en restant prudentes. Il faut préparer les jeunes hommes au travail. Au lieu de considérer le négoce et l'industrie avec dédain ou avec effroi, il faudrait, dans toutes les classes, les joindre au travail de la terre, les préférer à la bureaucratie et surtout à l'oisiveté.

173. La fondation de comptoirs commerciaux dans divers pays judicieusement choisis, de succursales, servant à assurer les relations lointaines sera la conséquence de cet esprit d'entreprise et la garantie des débouchés industriels. Les comptoirs en relation avec les industries assurent aussi à la marine nationale le *fret de retour* de ses navires. Cette question est en rapport intime avec celle des colonies dont il sera parlé dans une autre partie de cet ouvrage.

174. Mais ce n'est pas tout ; c'est l'esprit général de la société et de la famille qui contribue surtout à l'expansion des entreprises. Nous ne pouvons qu'effleurer ce sujet, que nous reprendrons en détail en parlant des *colonies*, dans un autre travail. C'est l'esprit général de la société qui fait sentir ici sa grande, son éternelle influence. Il faut l'esprit d'initiative, le courage de

la peine, l'énergie de la lutte. Il faut savoir renoncer à la vie facile et à la jouissance sans charge. Il faut ne pas vivre pour jouir. Tous ceux qui ont étudié cette grave question avec l'impartialité d'un observateur attentif attestent cette grande influence des mœurs sociales, de la famille, de l'éducation, sur l'expansion, même économique et commerciale, des peuples. Pour n'en citer que quelques-uns, parmi les plus récents, Taine, Thierry-Mieg, le Dr Poitou-Duplessy le reconnaissent de commun accord. L'amour du bien-être, le développement du fonctionnarisme, la désorganisation de la famille, tout cela entrave les grandes et fécondes entreprises. L'esprit chrétien les favorise au contraire puissamment. Il donne cette énergie du travail, cette vigueur morale qui est nécessaire à leur succès.

175. Les institutions sociales ont-elles leur part dans cette situation ? Nous devons constater que les chambres de commerce françaises, consultées en 1875, ont presque toutes signalé le régime successoral de la France comme une cause de son infériorité dans le commerce extérieur ; « en France, un jeune homme de famille aisée compte sur la fortune que lui laissera son père, dit la chambre de Paris ; un jeune Anglais compte sur lui-même pour se créer un avenir. » Le comte de Butenval a résumé et commenté ces dépositions dans un remarquable travail sur les lois de

succession (1875). Cette question est aussi en rapport intime avec celle de la population qui nous occupera ailleurs. Nous ne voulons pas entamer ici toute la question coloniale.

176. Les gouvernements peuvent encourager, et faciliter les entreprises ; ils peuvent organiser sérieusement la protection des nationaux en pays étranger, étendre la sphère des renseignements commerciaux ; faciliter la création d'une marine marchande nationale ; organiser et étendre les consulats. Tandis que les grands pays étendent leurs colonies ou leurs protectorats, on ne peut assez insister sur l'importance, même commerciale, de la protection par les gouvernements de leurs sujets à l'étranger ; cette protection s'étend souvent aux coréligionnaires de toute race. C'est ainsi que le protectorat des missionnaires et des chrétientés est un élément essentiel des relations avec l'Orient. La fraternité religieuse est une base sérieuse de relations internationales. On ne peut oublier que c'est ce sentiment religieux qui a guidé les premiers colons, les *descubradores* du nouveau monde.

177. Il importe de signaler l'influence de l'idée religieuse sur l'extension des relations commerciales. Dans son ouvrage sur *La richesse dans les sociétés chrétiennes*, Charles Périn en a rassemblé un grand nombre de preuves historiques. Le témoignage des historiens du commerce, Schérer, Blanqui, Heydt, est unanime sur ce point malgré

la diversité de leurs tendances scientifiques. L'esprit religieux a toujours favorisé la fraternité des peuples et ouvert des débouchés commerciaux. Les caravanes de pèlerinages, les croisades, les premières entreprises des colons du Nouveau-Monde en sont des preuves immenses. Et de nos jours encore, les relations commerciales de l'Europe sont favorisées, créées parfois par les missionnaires.

On ne peut s'empêcher de blâmer les peuples, qui s'établissant dans des contrées nouvelles, ne cherchent qu'à tirer des indigènes des profits élevés, à les exploiter, sans songer à leur apporter les bienfaits de la vérité; les richesses qui ne sont acquises qu'au prix de la corruption, ne sont point des richesses bienfaisantes et ce n'est point ainsi que s'entend le progrès de la domination de l'homme sur la terre. Le progrès matériel et le progrès moral doivent marcher de pair à travers le globe.

Nous reprendrons cette grave question en traitant des colonies dans un autre ouvrage.

178. Il est impossible d'énumérer ici tous les moyens que pourrait employer l'initiative privée pour ouvrir des débouchés nouveaux; l'esprit d'entreprise est inépuisable de ressources et d'inventions. Nous n'avons voulu que signaler ici la nécessité même de cet esprit. L'élan commercial appartient aux races vigoureuses, énergiques, entreprenantes. Le pouvoir n'est pas tout; il peut

protéger, mais ne suffit pas à créer les grandes entreprises et les succès économiques. C'est ce qu'ont fait remarquer avec raison tous ceux qui se se sont occupés de l'expansion des races.

179. Il nous sera permis, au point de vue qui nous occupe, d'insister sur l'utilité spéciale des ouvrages qui répandent la connaissance des débouchés étrangers. Les livres de géographie commerciale, les observations économiques et sociales de voyageurs compétents, les renseignements de commissions spéciales, les rapports consulaires consciencieux encouragent à la fois les entreprises utiles et évitent les tentatives hasardeuses. Nous citerons ici tout en désirant encore son extension le *Recueil belge des rapports consulaires*. Signalons à cet égard l'importance d'une *école de voyages* telle que Le Play la concevait, de voyages faits d'après sa méthode qu'ont décrite M. Urbain Guérin et d'autres de ses disciples. Ce sont les conseils que donnent à leurs compatriotes les écrivains anglais : « Vous avez des yeux. Ouvrez-les. Regardez un peu plus loin que votre club et votre village. » On sait si les Anglais suivent ce conseil avec fruit ! Il faut reconnaître que l'esprit d'entreprise ne se développe guère en Belgique ; que les étrangers nous enlèvent bien des terrains que nous pourrions occuper et que loin est l'époque où nos comptoirs étaient signalés partout et qu'on vantait l'expansion de nos provinces.

180. Il est impossible d'exposer ici notre légis-

lation consulaire belge, encore moins d'entrer dans l'examen des projets et des critiques que cette institution a fait naître. Les bases de l'organisation consulaire se trouvent dans la loi du 31 décembre 1851. Les consuls sont les correspondants indiqués des industriels nationaux qui désirent des renseignements. Ils sont aussi chargés de transmettre au gouvernement des rapports sur le pays de leur juridiction. Le cadre en a été tracé par une circulaire du 14 novembre 1855. Le service a été organisé surtout à partir de 1857. Il y a des consuls de carrière, qui sont payés, et des consuls marchands non rétribués. Il y a aujourd'hui environ une trentaine (27) de consuls rétribués. Leurs rapports sont publiés dans le *Recueil consulaire*.

LIVRE II.

LE CRÉDIT
ET LES INSTITUTIONS QUI S'Y RATTACHENT.

CHAPITRE I. — Le crédit et la circulation fiduciaire en général.

§ 1. *La nature du crédit. — Ses divers éléments.*

181. Le crédit, dans l'acception la plus générale du mot, c'est la confiance, en tant qu'elle s'applique aux relations économiques. Le crédit peut se manifester d'une manière directe par l'avance d'un capital, mis à la disposition d'autrui. Il peut consister aussi dans la concession d'un délai pour l'accomplissement d'une obligation. Le créancier à terme *croit* à la promesse de son débiteur, ou comme le disaient les Romains (Inst. II, 1, § 41), il suit la foi de celui-ci, *fidem sequi*. Le crédit à l'état élémentaire existe partout. La multiplication, la complication de ses formes donnent à son développement actuel une importance particulière.

182. De quoi dépend le crédit? Quelle en est la base? *Le crédit c'est la confiance* qu'on a dans la personne de son co-contractant, de celui à qui on fait une avance, on accorde un terme. *On suit sa foi,* comme nous le disions à l'instant; on a la

certitude matérielle et morale d'être remboursé. Cette certitude repose à la fois sur un élément matériel, sur un élément moral, sur un élément intellectuel.

183. *a)* L'*élément matériel* du crédit se trouve dans la fortune de l'emprunteur, dans les garanties, dans la *surface* qu'il présente. On ne confie sa fortune qu'à ceux qui ont ou auront de quoi la rembourser. De là cet adage : *on ne prête qu'aux riches*. Une personne ayant des biens au soleil, une situation constatée trouvera facilement du crédit. Pour quelques-uns, la fortune est facile à constater ; mais la richesse n'est souvent aussi qu'un mirage. Rien n'est moins public. De là de fort nombreux mécomptes.

184. C'est avec raison qu'on considère la publicité comme un des éléments essentiels du crédit. Mais la publicité complète est irréalisable. Nous verrons qu'on est à peu près parvenu à la réaliser pour la fortune territoriale. Il en est autrement de la fortune personnelle et de la situation commerciale. Elle échappe presque forcément à toute constatation, et d'ailleurs la publicité, si elle a des avantages, pourrait avoir aussi de graves inconvénients. On a toute la peine du monde à empêcher les sociétés financières de fausser leurs bilans, comment parviendrait-on à contrôler les déclarations de tous les citoyens. La publicité de la situation personnelle n'est donc pas réalisée. L'obligation légale des livres de com-

merce, celle de la publicité des conventions matrimoniales du commerçant ne la réalisent que très imparfaitement. Il faut s'en tenir aux preuves d'induction, et souvent aux apparences; c'est ce qui rend le crédit commercial et personnel souvent si dangereux.

Aussi le public s'en prend-il aux moindres inductions. Il flaire tous les signes, et l'opinion en cette matière est aisée à s'émouvoir. Ses craintes, parfois déraisonnables, ne sont que trop expliquées par de fréquents déboires. Il faut regretter cependant les caprices de l'opinion, qui tantôt *croit* à qui ne le mérite pas, et le suit avec une confiance moutonnière, tantôt s'affole sur des indices puérils.

185. Le crédit, pour acquérir toute l'intensité qu'on lui souhaite aujourd'hui dans le monde commercial et financier exige aussi, pour le prêteur, la faculté d'une rapide et peu onéreuse exécution. Il faut que les garanties puissent se réaliser vite et sans grands frais. La loi commerciale cherche à réaliser ce *desideratum*. Dans l'ordre commercial, tel qu'il existe aujourd'hui, la rapidité d'exécution, est un élément essentiel. Toute la législation commerciale, basée sur cette nécessité, garantit autant que possible tous les droits. La législation sur la faillite est particulièrement énergique. Mais il faut se rappeler ce que nous disions dans *l'introduction* à ce volume : *le crédit n'est pas tout*. Il faut se

garder, sous son prétexte, de compromettre la sécurité et la stabilité des patrimoines. Cette remarque est surtout importante dans l'ordre foncier et plusieurs pays font dans ce sens une réaction qu'il faut signaler. Nous y reviendrons à propos du crédit de la terre. Même dans l'ordre commercial, il faut se garder de supprimer *trop* de formalités. Il y a des formalités qui sont des garanties nécessaires et dont la suppression favoriserait surtout la fraude. Il faut donc une grande prudence dans la mobilisation. Nous aurons bien des occasions d'appliquer ce principe et ces réserves aux diverses branches du crédit.

186. *b)* L'*élément moral* du crédit ne doit pas être négligé. Il y a un spiritualisme du crédit. Tel homme sans fortune pourra obtenir, pour ses entreprises, des avances sur la garantie de ses capacités, de son honnêteté. Sans doute, l'opinion est, à cet égard aussi, souvent trompée; trop souvent on parvient par de fausses apparences à duper le marché et à s'enrichir de l'argent des autres. Mais dans les affaires sérieuses, l'*honorabilité*, la *position* entrent encore en ligne de compte. On n'a pas égard seulement à la surface commerciale, on envisage aussi la conduite et la considération de l'individu. Dans le crédit populaire, cet élément est essentiel, puisqu'on prête souvent à découvert, sur garantie morale; dans le crédit réel il est moindre, puisqu'on a une garantie spéciale; mais dans le crédit commercial ou indus-

triel on aurait tort d'en faire abstraction. Si l'on envisageait davantage les qualités personnelles, on aurait peut-être moins de mécomptes, et le crédit gagnerait à se spiritualiser, puisque la garantie matérielle n'est jamais complète. Il y en aurait encore, sans doute, car il y aura toujours des honnêtes gens malheureux ou maladroits et d'habiles filous ; mais on gagnerait cependant à examiner si des qualités morales sérieuses garantissent *l'honneur de la signature* qui résume dans le monde moderne l'honneur commercial. Cette vérité n'est point tout à fait oubliée; une vie trop irrégulière ébranle encore le crédit de celui qui s'y livre; mais il y aurait intérêt pour la sécurité publique à méditer davantage les garanties personnelles.

187. *c)* L'*élément intellectuel* du crédit est considérable. Le crédit repose en grande partie sur le talent, l'habileté professionnelle. C'est par là que se font les rapides fortunes, même quand elles sont honnêtes. Dans une foule de cas on croit au succès d'un homme, et même d'une maison, d'un nom, qui a déjà fait ses preuves ; on va à lui, l'opinion s'y porte, et quand la faveur est acquise, que la prudence s'y joint, les affaires grandissent. Il y a même souvent en cette matière une tradition, une sorte d'hérédité, qui fait la grandeur et la stabilité de certaines maisons. Mais il faut que l'élément moral se joigne à celui

de la capacité, et qu'on n'emploie pas en manœuvres les ressources d'une habileté féconde.

188. Nous allons étudier le mécanisme du crédit dans ses multiples rouages, mais nous avons cru devoir mettre en lumière l'élément spiritualiste du crédit. Les *affaires* gagneraient en sécurité à remettre en honneur la vieille loyauté chrétienne, à se défier des habiletés trop raffinées, des succès trop rapides, des bénéfices exorbitants, des ascensions vertigineuses, à examiner enfin davantage la *qualité morale*. La garantie matérielle ne suffit point, et d'ailleurs, dans le commerce, elle est rarement complète. Il faut donc chercher, par d'autres sécurités, à éviter trop de mécomptes. La loi ne parvient pas à protéger tous les intérêts, malgré des rigueurs parfois extrêmes. Elle se perd à vouloir tout prévoir, tout réprimer ou tout prévenir. La faillite, cette peine de mort commerciale, ne suffit pas à empêcher l'immoralité financière. La meilleure des garanties est l'honnêteté personnelle, la modération des désirs, le travail et le talent qui font les affaires sérieuses et les durables succès. Tout cela n'empêchera pas les revers, c'est évident, mais du moins diminuera le nombre des désastres.

C'est le cas de rappeler encore ici les principes de la morale chrétienne. M. Antonin Rondelet, dans un mémoire célèbre sur *Le spiritualisme en économie politique*, a montré l'influence presque inconsciente qu'exercent sur le crédit certaines causes toutes morales, et l'importance de la vraie morale pour son efficacité bienfaisante. Le commerce et le crédit supposent la confiance qui repose sur la probité. « L'économiste le plus obstiné à ne point sortir des conditions et des garanties matérielles, est conduit, malgré lui, dit le même auteur, à faire estime de qualités toutes différentes des biens-fonds ou de l'encaisse... *La connaissance psychologique des hommes est peut-être plus nécessaire encore que la possession de grands capitaux.* » La garantie de la probité devient de plus en plus nécessaire à mesure que le crédit s'étend ; il faut alors, comme le remarque fort bien M. Charles Périn, qu'elle existe dans les mœurs et non seulement dans les lois, afin que la confiance puisse devenir générale sans provoquer trop d'abus ni trop de ruines, et pour l'avantage commun de tous, de ceux qui font crédit comme de ceux qui le reçoivent.

§ 2. *Signes du crédit.*

189. Le crédit peut s'exprimer soit d'une manière toute simple par le contrat de crédit lui-même et par des avances directes, soit par l'adjonction d'un terme à une obligation. Le terme est l'expression juridique du crédit, aussi est-il toujours présumé stipulé en faveurs du débiteur, à moins qu'il ne résulte de la stipulation ou des circonstances qu'il a été aussi convenu en faveur du créancier (art. 1187 Code civil). Le crédit peut donc se mêler à une foule de contrats.

190. Il y a certains titres qui, par leur nature ou par leur usage, expriment les opérations du crédit d'une manière plus spéciale. Ces titres s'appliquent principalement aux choses mobilières et leur usage s'est étendu et transformé par les besoins de plus en plus exigeants des relations commerciales. Aussi les connaît-on sous le nom générique d'*effets de commerce*. Il n'en faut pas conclure que leur usage soit limité aux commerçants. S'il en fut d'abord ainsi pour quelques-uns et dans une certaine mesure, il n'en est plus de même. Les effets de commerce ont pénétré dans la vie civile et nous aurons bientôt l'occasion de prouver par les faits la tendance envahissante du droit commercial et mobilier que nous avons déjà signalée.

191. Les effets de commerce ou titres de crédit sont de diverses formes. Les plus usitées sont le *billet* ou *promesse de paiement* souscrit par le débiteur à terme fixe et la *lettre de change* adressée par un créancier à son débiteur à terme pour lui enjoindre de payer à un tiers qui est devenu son propre créancier, tout ou partie de la somme qu'il lui doit. Ces deux formes sont elles-mêmes l'expression d'une obligation, à crédit, existante ; mais leur rôle ne s'est point borné là ; par le fait même qu'un créancier accepte un billet ou une lettre de change en paiement de son obligation, il consent à croire à la signature du débiteur qui y figure, et à retarder le paiement comptant. Là gît le

crédit. Par le fait, cet instrument de crédit empêche, au moins momentanément, le transfert du numéraire ; ce transfert est même supprimé par la lettre de change, car il ne sera opéré en réalité qu'un seul paiement pour deux transactions. Souvent même ce transfert ne sera pas nécessaire ; le destinataire peut se trouver lui-même en relation d'affaires avec le porteur ou avec un nouvel intermédiaire. Souvent alors, le tout se solde par un simple transfert d'écriture sur le livre où se trouvent leurs engagements. C'est ce qu'on appelle le crédit au livre et le virement. Mais, si ces papiers ou *effets* souscrits, au lieu de borner leur efficacité au premier créancier pour qui on les a faits, viennent à passer en d'autres mains qui les acceptent à leur tour, et ainsi de suite, jusqu'à l'échéance, leur rôle est encore considérablement étendu. C'est ce qui se réalise par la *clause d'ordre* que nous expliquerons bientôt.

192. On ne s'est pas borné à l'emploi de ces deux formes pour la circulation ; on a inventé le *billet de banque* qui n'est qu'un effet de crédit payable à vue et au porteur.

193. Ce n'est point tout encore ; le *chèque* permet à chacun de mobiliser par un simple ordre de paiement ses capitaux disponibles qu'il a mis en dépôt, tandis que le *warrant* permet la mobilisation des marchandises qu'on cherche encore à perfectionner aujourd'hui. Nous aurons le devoir de revenir plus loin sur ces titres divers

à préciser leur nature, et à en compléter l'énumération détaillée. Ce qui précède suffit pour le moment à donner la notion des effets de commerce et de la circulation fiduciaire.

194. Tous ces signes supposent une valeur; ils représentent cette valeur et confèrent le droit de la toucher. Tout dépend donc de leur *convertibilité*. Par eux-mêmes, ils ne sont rien, mais ils *représentent*, ils sont *un droit* à l'obtention d'une valeur réelle. Tout est là.

§ 3. *Effets du crédit.*

195. Les effets du crédit ont été fort discutés. Certes, il y en a qui ne sont pas contestables; le crédit transforme la société industrielle; c'est une baguette magique dont l'action est immense. Mais leur caractère et la mesure de leur avantage doivent être examinés. Sans pénétrer ici dans le détail de chaque point, nous pouvons indiquer les effets les plus généraux du crédit. Dans cette énumération, nous ne parlons que du crédit à la production et non du crédit fait en vue de la consommation; celui-ci est presque toujours fort nuisible.

196. *a) Le crédit épargne la monnaie.* C'est l'effet souvent signalé le premier; il concerne la facilité que donne le crédit à se passer de numéraire pour effectuer les paiements. Nous avons dit que le stock monétaire dépend du nombre de

transactions et de la rapidité de circulation du métal. Le crédit accélère cette rapidité en faisant circuler la créance elle-même. Il ne faut d'ailleurs point perdre de vue le caractère des effets de commerce, simples signes représentatifs.

b) Le crédit multiplie les capitaux. Coquelin, qui ne s'exprime pas toujours fort clairement, a cependant donné à cette phrase sa vraie portée scientifique. Le crédit ne multiplie pas les capitaux directement, en ce sens qu'un papier de crédit serait un capital nouveau, mais il multiplie l'*usage* des capitaux existants, il active leur service en permettant de les *dégager*, d'anticiper sur les ventes, etc. Certes les avances ne font en réalité que *déplacer* les capitaux, mais par le fait qu'on peut se les procurer quand on veut, leur usage se multiplie et, indirectement, la production augmente par les facilités qu'elle rencontre.

c) Le crédit met les capitaux à la portée de ceux qui les emploieront le mieux et facilite ainsi les grandes entreprises.

De ces effets essentiels il peut s'en déduire d'autres, comme l'influence exercée par le crédit sur les prix, sur le taux de l'intérêt, l'étude détaillée de ces phénomènes nous entraînerait trop loin.

197. Il importe de signaler aussi les inconvénients possibles du crédit. Comme toutes les institutions humaines, il a son côté brillant, très brillant même et très fécond, mais aussi son côté nuisible.

a) Nous avons déjà dit d'abord que *le crédit pour cause de consommation* est pernicieux. La consommation ne doit porter que sur les revenus, non sur les capitaux ; le crédit pour la consommation qui anticipe sur ce revenu est lui-même souvent funeste ; il facilite les dépenses exagérées et aide à dépasser le revenu ; engager l'avenir pour subvenir au présent est un danger grave que les usuriers ne connaissent que trop bien. Ce genre de crédit favorise le désir de briller et toutes les passions malsaines. Cela est vrai de toutes les classes de la société. On a raison au nom de l'économie sociale de prêcher *le paiement comptant* des consommations improductives. C'est un principe élémentaire. Les sociétés de consommation l'imposent à leurs membres. C'est le moyen de sauver les patrimoines et les familles.

b) Bien des gens recourent au crédit, empruntent, sans savoir comment ils pourront se libérer. Ils s'exposent ainsi à de graves dangers.

c) Le crédit, même dissimulé sous le couvert de l'industrie, prête à bien des opérations véreuses, des affaires lancées ; on s'en sert pour créer des valeurs illusoires en spéculant sur des richesses *à venir*. C'est de ce côté que le crédit est le plus menacé ; ce n'est pas ainsi qu'il doit procéder. Il faut, dit fort bien le comte Cieszkowski, qu'il repose sur des réalités, non sur des expectatives, aléatoires sinon mensongères. Ce sont les pernicieux abus de ce genre qui troublent la société.

d) Ces abus ne sont pas les seuls. Le crédit, même *normal* et honnête, peut dépasser la *mesure*. On peut émettre trop de titres, sans bien s'en rendre compte, ou les émettre d'une façon imprudente. Toute la valeur des titres est dans leur *convertibilité*. Dès qu'elle est compromise, tout s'ébranle. Or, en temps de calme, ces abus se font aisément. M. Victor Bonnet et d'autres en ont accumulé les preuves. Il n'est point vrai que le public refuse tous les titres inconvertibles, car il ne les examine pas avec tant de soin et le particulier accepte aisément un effet au porteur qui ne fait que traverser son portefeuille. La société a intérêt à ce qu'il n'y ait pas trop de titres, mais chaque particulier peut être intéressé à en émettre momentanément.

e) J.-B. Say a fait remarquer que si le crédit a de grands avantages, cependant, « il vaut mieux, chaque fois que la chose est possible, travailler avec ses propres capitaux ». Cela n'est pas contestable; mais tous les hommes aptes à une entreprise n'ont pas toujours les capitaux suffisants; l'idée de Say est cependant tout à fait vraie et pratique « chaque fois que la chose est possible ». Nous verrons qu'au moyen âge on recourait à la *société* plutôt qu'au *crédit* proprement dit, ce qui avait souvent de grands avantages.

198. On ne peut contester les avantages du crédit fait en vue de la production, reposant sur des garanties sérieuses; mais pas d'excès de crédit! On s'est trop habitué à considérer le crédit

comme le bien suprême et le remède souverain en matière économique : c'est une erreur dangereuse. Pas de crédit pour les dépenses improductives : il compromet la substance même de l'emprunteur ; pas de crédit imprudent sur des espérances trop aléatoires qui ruinent une situation au lieu de l'améliorer ; pas de crédit véreux sur des spéculations audacieuses et souvent immorales. Rien que du crédit, c'est à dire de l'avance, sur valeur existante, fait de part et d'autre d'une manière éclairée avec la certitude morale d'une libération et d'un remboursement normal, par des bénéfices réguliers, calculés et honnêtes. Dans cette mesure, le crédit a rendu d'incomparables services.

199. Les réserves que nous avons émises nous sont inspirées par la considération de la loi morale qui doit présider aux combinaisons du crédit comme à toute la vie économique ; et aussi par l'intérêt de la société dont les exploitations et les imprudences compromettent la paix et la prospérité. Trop souvent les excès de crédit naissent de situations embarrassées ou de désirs immodérés auxquels les causes morales de luxe, de vanité ou de toute autre passion ne sont pas étrangères. Souvent aussi ils proviennent d'irréflexion ou d'imprudence parfois coupable, parfois ignorante. Il faut prémunir contre ces dangers en éclairant les uns sur les conséquences de leurs actes ; en remontrant aux autres leurs devoirs sociaux. Si les hommes d'aujourd'hui, au lieu d'escalader la

fortune *per fas et nefas* se contentaient d'y monter par les voies honnêtes du labeur loyal et opiniâtre, il y aurait encore des malheurs, mais il y aurait moins de désastres.

CHAPITRE II. — LE CHANGE, LES EFFETS DE COMMERCE ET LES MANDATS DE PAIEMENT.

§ 1. *De la nature de la lettre de change et de ses transformations.*

200. Quand une personne doit faire un paiement en pays étranger, elle doit souvent chercher le moyen de se procurer des espèces ayant cours dans ce pays. Ce cas très général au moyen âge se présente encore aujourd'hui, mais il y avait autrefois une diversité bien plus grande de constitution monétaire. Echanger les monnaies constitue le change *simple* ou *métallique*. Mais ce change élémentaire se compliquait souvent. Il était malaisé de se procurer du numéraire étranger et l'on préférait infiniment trouver un intermédiaire qui, contre dépôt d'une somme, se chargeât d'en procurer l'équivalent sur la place où on devait la payer. On faisait alors un change *réel*, ou l'échange d'une monnaie présente contre une monnaie absente. Ce contrat était exprimé par une *lettre de change*.

201. La première nature de la lettre de change était donc fort simple, Elle n'était que l'expression d'un contrat de *change*, c'est à dire de l'*échange*

de numéraire présent contre du numéraire absent. Une personne, ayant besoin de numéraire sur une autre place, déposait une *provision* chez un cambiste qui s'engageait à lui fournir une somme équivalente au lieu indiqué. C'était tout. A ce titre, la lettre de change est ancienne ; elle est employée fréquemment au transfert de sommes, et résume son objet à ce *transfert fictif du numéraire*. On trouve une foule de titres de cette espèce au moyen âge ; on y a souvent recouru pendant les croisades et surtout depuis lors, dans toutes les relations commerciales.

202. Mais ce n'était pas là du papier de circulation ni de crédit. Le crédit, s'il y intervenait, était un élément secondaire ; la lettre de change n'était transmissible qu'au moyen des formalités de la cession de créance. Tel était le cas en Italie où cependant le crédit était le plus développé. Les règles de l'endossement ne se sont formées que fort tard et paraissent seulement au XVIIe siècle.

203. On voit par ce qui précède que la *circulation fiduciaire proprement dite était à peu près inconnue.* Nous avons essayé dans nos études sur les *Antiquités économiques de la Grèce* et sur l'*Economie sociale au moyen âge* de déterminer la nature des papiers de crédit de ces époques. Plusieurs auteurs, tels que Sclopis, Bourquelot, Biener, Götz et une foule de jurisconsultes, sous forme d'introduction à des traités de droit commercial, en ont fait, d'après les sources, l'histoire juridique ou commerciale.

204. La lettre de change et le billet souscrit se sont enrichis d'une formule qui a multiplié leur fonction économique : la clause d'*ordre*. A l'engagement ou à l'avis de payer à X, on ajoute la mention : *ou à son ordre*. Dès lors les effets peuvent passer de main en main jusqu'au terme assigné par le contrat à leur échéance. Chaque créancier, chaque porteur examinera s'il y a lieu pour lui de *croire* à ce papier ; et c'est ainsi que le crédit devient la base d'une circulation dite pour cette raison *fiduciaire* (fiducia). Cette circulation est rendue rapide et facile par la simplicité même de la formalité de cession. Elle consiste en une simple signature apposée par le cédant sur le dos du titre et appelée pour cette raison *endossement* ; elle a pour effet d'augmenter en même temps la valeur fiduciaire du papier par l'appoint de cette responsabilité nouvelle.

205. Le progrès dans la circulation ne devait pas s'arrêter là. Le mouvement commercial, tendant toujours à s'accentuer devait modifier de plus en plus la nature des anciens billets. M. Touzaud expose fort bien ces transformations dans son mémoire sur *Les effets de commerce*. Nous ne pouvons qu'en jalonner la marche.

L'ancienne nature de la lettre de change avait reçu en France sa consécration dans l'ordonnance de 1673 dont le système a passé dans le code de commerce français de 1807. On y trouve comme éléments essentiels de la lettre de change : la *remise de place à place*, la *distantia locorum*, qui rappelle le but même du contrat de change primitif, le transfert fictif du numéraire — la mention de la *valeur fournie* qui est le *prix* du contrat — la garantie de l'*acceptation* par le destinataire (le *tiré*) qui dégage le *tireur* lequel doit au moins avant l'échéance avoir fourni *provision* au tiré, c'est à dire les valeurs suffisantes à couvrir le montant de la lettre. Cette provision, d'après la jurisprudence, devient la propriété du porteur au moment de l'échéance. — Enfin la *clause d'ordre* et l'*endossement*.

On le voit, si la lettre est bien un papier de circulation fiduciaire, elle repose toujours sur la pensée initiale du contrat de change. C'est une créance spéciale, *sui generis*.

206. Ce caractère traditionnel qu'avait respecté la loi française devait être modifié pour augmenter la facilité et la rapidité de la circulation. Tandis que le code de 1807 résumait à peu près le droit commun de l'Europe, l'Angleterre avait un système spécial. Elle admettait un *Inland Bill* circulant à l'intérieur sans remise de place à place, pouvant être créé au porteur et endossé en blanc. La lettre de change ne constitue ainsi qu'une créance ordinaire. Ces usages reposaient sur quinze *acts* dont le premier remonte à Guillaume III et sur une jurisprudence énorme; le Bills of Exchange Act du 18 août 1882 a porté codification de ces dispositions. La provision, s'il en existe une, n'est pas réservée au preneur par

affectation spéciale, sauf en Ecosse dont le droit est différent (art. 53). Dès longtemps avant cette date, ce système s'était répandu en Allemagne, sans toutefois y introduire la lettre au porteur. La loi allemande relatant le système anglais a été votée d'abord en 1848,. C'est l'*Allgemeine deutsche Wechselordnung*. La plupart des pays, remarque Ercole Vidari, le commentateur du code de commerce italien, ont suivi cet exemple bien que lentement et non sans quelque répugnance, mais sous l'empire d'une sorte de nécessité. La Belgique, dans la révision du code de commerce, fit la loi du 20 mai 1872 qui, tout en s'imprégnant du caractère allemand, accorde cependant encore au porteur droit à la provision existant entre les mains du tiré à l'époque de l'échéance.

207. *Le droit du porteur à la provision* constitue un des traits distinctifs des deux systèmes. Si le porteur est sans droit ni privilège, la lettre n'est qu'une créance ordinaire et peut être créée sans cause. L'article 28 de la loi anglaise admet la *lettre de complaisance*. C'est le système circulatoire complet, supprimant toute trace du contrat de change. — La Belgique, qui a supprimé tout le reste, a conservé ce trait essentiel du système ancien.

Sur ce point porte aujourd'hui le débat et c'est pour cette raison qu'en 1885, au congrès international d'Anvers pour l'unification d'un droit commercial, il n'a point été définitivement tranché. La France et la Belgique veulent conserver le principe du droit à la provision abandonné par tous les autres pays, tandis que la lettre de change au porteur reste d'autre part le régime exclusif de l'Angleterre et des Etats-Unis.

208. Il y a, en somme, deux systèmes : l'un *antique,* soit absolu comme en France, où le code de 1807 garde le régime du contrat de change, soit mitigé faisant de la lettre de change une créance privilégiée, comme la Belgique continue à le faire; — l'autre, *moderne, économique* de l'Angleterre, de l'Allemagne, etc., rejetant toute trace du contrat de change et transformant la lettre de change en une simple créance plus ou moins garantie, mais sans privilège; ce système est lui-même plus ou moins absolu selon qu'il admet ou non la lettre au porteur.

209. Il serait imprudent d'outrer le système moderne qui doit en venir à sacrifier les défendeurs pour assurer la circulation ; il ne faut pas trop assimiler la lettre de change à la monnaie. On ne peut oublier que, en définitive, les titres de crédit doivent reposer sur *une cause,* sur une obligation. Les effets ne sont que des créances qui circulent, et qui valent, non par eux-mêmes, mais par la garantie de cette obligation même; ils représentent un droit à une chose et ne sont rien par eux-mêmes. Si la loi française se trouve surchargée de trop d'entraves, s'il est vrai que

l'avenir appartient au système dit économique, il faut s'y engager avec prudence et maturité, et éviter, en perdant terre, de compromettre le crédit au nom du crédit lui-même.

210. Le *billet à ordre* est la promesse de payer souscrite par le débiteur à l'ordre de son créancier; c'est la *promissory note* anglaise, mais celle-ci peut aussi bien être au porteur. Quoique le billet soit, de sa nature, purement civil, il est devenu en fait l'auxiliaire de la lettre de change. La loi allemande va même jusqu'à les confondre dans la mesure où la nature des choses le permet, et leur donne un nom similaire (elle distingue la lettre de change *sèche* ou *tirée*); le code italien du 31 octobre 1882 en fait autant, ce qui manifeste que l'idée du contrat de change y est tout à fait étrangère à la législation.

211. Les aperçus qui précèdent suffisent à montrer la tendance progressive de la circulation fiduciaire, sans qu'il soit nécessaire d'anticiper, pour en compléter la preuve, sur l'étude que nous ferons du billet de banque et des autres titres de crédit.

§ 2. *Le change commercial.*

212. Les transactions internationales, et celles d'une place sur une autre, même à l'intérieur d'un pays, se règlent généralement par des effets de commerce *tirés* de la place créancière sur la place débitrice. Dans le règlement de ces traites inter-

vient une question qui s'appelle plus spécialement *la théorie du change*, théorie compliquée que M. Goschen a élucidée avec une compétence remarquable dans sa *Théorie des changes étrangers*.

213. Les traites sur une place n'ont pas toujours une valeur marchande égale à la valeur nominale qui s'y trouve inscrite. Cette égalité, qui est dite le *pair* du change, est même assez rare et la valeur réelle oscille autour de lui. Quelle est la cause de ce phénomène?

214. Quand il y a, par hasard, entre deux places, égalité de dettes et de créances, les traites réciproques se compensent, et tout est fort simple. Mais il en est rarement ainsi. Si une place doit à une autre plus que celle-ci ne lui doit, elle va se trouver dans un grand embarras pour solder l'excédent de ses dettes. Les traites seront évidemment en nombre insuffisant. Cependant il y a un avantage sérieux à payer par traite plutôt que de transporter du numéraire. Chacun cherchera donc à se procurer les traites existantes. Celles-ci se trouvant rares et recherchées monteront de prix, et leur valeur réelle dépassera leur valeur inscrite. Cette hausse ira jusqu'au point où les débiteurs auront avantage à envoyer des espèces. Dans ce cas, le change est dit au-dessus du pair, défavorable à la place débitrice qui, en réalité, paie ses marchandises plus cher.

Par contre-coup, le phénomène inverse se produit sur la place créancière. Les traites sur sa débitrice sont en surabondance ; elles baissent, le change y tombe en dessous du pair ; il est favorable à la place créancière qui paie moins cher ses acquisitions.

215. L'inégalité des dettes et créances n'entraîne pas toujours la nécessité d'un paiement en espèces ; comme l'a fait fort bien remarquer M. Courtois dans son *Traité élémentaire des opérations de bourse et de change,* il y a des combinaisons qui permettent de reporter un paiement d'une époque à une autre. Puis il y a moyen de recourir au *change indirect* ou *arbitrage* ; il consiste à acheter du papier sur une place intermédiaire et d'envoyer de là du papier sur la place où on n'en trouvait pas d'abord. Si, à Paris, par exemple, il manque du papier sur Londres, mais qu'il y en ait sur Hambourg, on achète celui-ci et on charge un correspondant à Hambourg d'en acheter sur Londres. Ce système est très connu des courtiers qui cherchent à bénéficier des différences de taux par la rapidité des opérations. Elles comportent d'ailleurs bien des combinaisons. Il y a des places de commerce qui sont comme le centre des opérations de change d'une région et qui sont en relations avec toutes les places, telles que Londres, dont le papier est accepté partout. Les banquiers se constituent volontiers un portefeuille de change sur ces places. Souvent aussi ils

sont en compte courant avec des confrères étrangers et créent du papier au bon moment.

216. L'exportation du numéraire et les remises en espèces sont encore retardées par un autre moyen plus récent : *les valeurs internationales*, Il y a un certain nombre de titres d'emprunts publics, d'actions de chemin de fer, etc., qui sans être toujours meilleurs que d'autres, sont l'objet de spéculations plus générales et cotées à toutes les bourses. Ces valeurs, acceptées partout, servent aux banquiers de portefeuille de change parce qu'elles ont une clientèle assurée et sont facilement transportables.

217. Comment fixer le change entre deux places ?

Il faut d'abord établir le *pair* du change. Pour cela il faut prendre un type monétaire comme base de comparaison pour apprécier l'autre. On dit que le pays dont l'unité est prise pour base *donne le certain*. Puis on calcule la valeur métallique d'un autre type monétaire d'après son titre. Mais, le *pair* n'est en quelque sorte que le centre d'oscillations.

218. Quelles sont les circonstances qui influent sur le change?

a) La première cause que nous avons exposée est l'*état des transactions entre les deux places*. Il importe de remarquer qu'il s'agit ici de l'ensemble des transactions et non seulement de l'état des douanes ; c'est ainsi qu'il y a une foule de valeurs qui influent sur le change et ne sont pas des marchandises : tels que les intérêts ou coupons des placements étrangers, les sommes dépensées par les voyageurs, les placements de capitaux eux-mêmes, etc. C'est ce que M. Goschen a fort bien fait observer.

b) L'état de la circulation des deux pays. Une circulation monétaire dépréciée impressionne naturellement le change dans un sens défavorable. Ceci constitue plutôt une correction du pair lui-même ; il en est surtout ainsi si un pays a du papier monnaie. C'est l'inconvénient que subit souvent l'état bimétalliste. C'est aussi le résultat d'une émission exagérée de billets qui déprécie les cours et provoque l'exportation des métaux.

c) L'échéance des traites. Tous les papiers ne sont pas négociables à vue. S'ils sont à terme, il peut y intervenir un calcul d'intérêt qui modifie le prix du pair. En effet l'intérêt peut être différent sur les deux places, et on tient compte de cette différence. Voici comment : j'achète ici une traite sur une place où l'intérêt est supérieur ; si mon papier est à vue, cela ne fait pas de différence. Mais s'il est à terme, *à longs jours*, il faudra l'escompter, et plus cher qu'ici ; je perds la différence. Si l'intérêt y est inférieur, le cas contraire se présente. Donc comme le constatent MM. Goschen et Courtois, quand le taux de l'intérêt est plus élevé sur la place où l'on doit opérer le paiement, le prix du papier baisse ;

quand l'intérêt est moindre, c'est l'inverse. Ce phénomène s'expliquera mieux quand nous aurons exposé les règles de l'escompte.

219. On a discuté la *signification* du change. Faut-il le considérer en réalité comme *favorable* ou *défavorable ?* Autrefois on y voyait le signe de la balance du commerce. Mais de nos jours encore, le change indique la tendance à l'exportation des capitaux ou à leur importation. Il ne s'agit pas de l'ensemble des exportations et des importations, mais de la tendance actuelle, immédiate. Or, cette tendance est l'indication d'une situation bien connue ; elle révèle aux banquiers le désir de capitaux libres. Ce peut être un danger pour eux, qui doivent faire face à leurs engagements. Voilà comment, en termes de banque, le change a une interprétation fixe, à condition qu'on ne s'abuse pas sur les causes de ses fluctuations et qu'on discerne la seule qui ait une signification sérieuse: la tendance à l'exportation des capitaux libres, c'est à dire des métaux. Il peut y avoir là une situation qui exige des précautions. Nous verrons bientôt s'il y a moyen d'y pourvoir.

220. Nous verrons plus loin comment il y a moyen de *corriger* le change, par le taux de l'escompte en banque. Mais les changes ont toujours une certaine tendance à se corriger eux-mêmes. Voici de quelle façon M. Courcelle-Seneuil explique ce phénomène dans son *Traité théorique et pratique des opérations de banque* : Les fortes dif-

férences dans les cours des changes, lorsqu'elles se prolongent, sont de véritables primes à l'exportation des marchandises, de la place qui a le change contraire à celle qui l'a favorable, celle-ci, en effet, paie à meilleur marché ce qu'elle achète, ainsi que nous l'avons constaté plus haut ; il en résulte que, ordinairement, le commerce ne tarde pas à ramener l'équilibre des changes, ou plutôt à déplacer les différences par des oscillations en sens opposé.

Cette tendance ne suffit pas cependant, on le reconnaît, à dispenser les banques de prendre des mesures spéciales pour conjurer les effets des changes contraires.

§ 5. *Les mandats de paiement*

221. Quand une personne possède des fonds disponibles, elle peut recourir pour payer, soit sur place, soit à distance, à certains instruments de paiement qui la dispensent de recourir à l'envoi de monnaie. C'est le cas quand l'argent est déposé chez une personne, ou à une institution, qui se charge des paiements à faire. Il suffit dès lors de munir un tiers d'un mandat de paiement. Ces mandats supposent toujours essentiellement une provision.

222. Les mandats de paiement présentent une très grande utilité, il en existe un grand nombre, et le système en est ancien. Nous en reparlerons

à propos des services de caisse rendus par les banques ; mais ils peuvent circuler aussi dans les relations entre particuliers. Le principal des mandats de paiement est le *chèque*. Nous réservons son étude détaillée pour le chapitre des banques à cause de ses rapports intimes avec la pratique des dépôts et comptes courants, et des virements.

223. Il existe encore d'autres mandats de ce genre, par exemple : la *lettre de crédit* par laquelle un banquier reconnaît avoir reçu une somme de quelqu'un et charge ses comptoirs ou correspondants de payer en tout ou en partie ; l'*accréditif* qui a pour objet spécial de permettre le paiement sur une place, d'une somme versée sur une autre ; le *mandat-poste* qui n'est qu'une espèce particulière d'accréditif qui rend de très grands services grâce à l'omniprésence de la poste.

CHAPITRE III. — Opérations de banque.

§ 1. *Aperçu général des opérations de banque.*

224. La *banque*, dans son sens le plus étendu, est l'institution qui concentre les opérations de crédit et la manipulation des titres.

225. Le crédit s'applique à toutes les industries ; il s'applique cependant à l'ordre commercial et industriel avec une intensité particulière. Nous avons à examiner d'abord les manifestations du

crédit commercial, quitte à indiquer ensuite les diverses applications spéciales du crédit à d'autres ordres d'activité.

226. On est assez généralement d'accord pour appliquer au commerce de banque le principe de la division du travail. La banque est une opération spéciale qui demande l'attention et le travail et qui exclue les autres opérations. On est même d'accord pour préconiser la séparation, la spécialité des diverses sortes de crédit : industriel, foncier, etc. Sauf des cas spéciaux et quelques réserves dont nous reparlerons, on fait même de cette séparation une condition de succès et de sécurité des banques.

227. Les opérations de banque peuvent se diviser en quelques grandes catégories que nous allons expliquer.

L'ensemble des affaires et des comptes courants relatés aux livres de la banque, expliquent les mouvements de la caisse.

Nous allons entrer dans quelques détails sur les diverses opérations des banques. Bien entendu, nous ne pouvons donner que des indications générales sur l'organisation et le fonctionnement des banques, sans pénétrer dans le menu, ni surtout dans la partie technique et toute spéciale de la comptabilité.

Toutes les banques ne font pas également les divers genres d'opérations que nous allons indiquer ; nous ne faisons ici qu'en expliquer le mécanisme.

§ 2. *Les dépôts.*

228. Les particuliers qui ont des valeurs préfèrent souvent, pour leur sécurité, en confier la garde. Les banquiers se chargent de ce soin, moyennant un certain droit. Cette pratique était déjà en usage dans l'antiquité. Aujourd'hui il en est de même pour les titres et pour le numéraire. Ce sont les dépôts proprement dits qui, dans dans la pratique actuelle, sont souvent cachetés et ne se mêlent pas aux deniers des banquiers.

229. Mais il y a une autre sorte de dépôts qui consiste à remettre ses fonds à un banquier, quitte à en réclamer plus tard le remboursement, comme pour un prêt. Cette sorte de dépôt donne généralement ouverture à des relations suivies d'affaires entre banquier et client et provoque la constitution d'un compte courant dont nous expliquerons plus loin la nature.

230. Bien qu'en théorie ces deux opérations portent le nom de *dépôts*, la pratique réserve souvent le nom de *dépôts* aux premières, et donne aux secondes le nom de dépôts en *compte-courant*. Dans la suite de cette étude, c'est dans le second sens que nous emploierons généralement le nom de *dépôts*. Il faut reconnaître cependant que le mot *dépôt* est ici juridiquement inexact, comme le remarque avec raison M. Lyon Caen, qui appelle ces dépôts *irréguliers*. Ces deux sortes de dépôts étaient connues dès l'antiquité chez les banquiers appelés *trapézites* en Grèce et *argentarii* à Rome.

231. On peut donc déposer ses valeurs en simple garde, ou bien en crédit d'affaires, ayant pour conséquence l'ouverture d'un compte courant de dépôts. Les banques font les deux, mais ce dernier est le vrai système économique des dépôts. Il consiste dans l'habitude de remettre aux banques son argent disponible, et de traiter ensuite ses affaires par leur intermédiaire. Il est clair que ces dépôts ne restent pas inoccupés. Les banques les placent. Grâce à la masse des dépôts, elles ont des ressources considérables à la disposition du public. L'argent des particuliers est difficile à déterrer ; l'argent déposé est disponible, empruntable et, par sa concentration, constitue un grand pouvoir. C'est une raison de l'importance financière de Londres. Cette concentration est une grande force industrielle et commerciale. Les banquiers ne gardent pas les dépôts, ils les placent. On a même dit que le commerce de banque ne commence que quand on négocie avec les fonds d'autrui. Démosthènes donnait déjà cette définition qui prouve que les dépôts de son temps étaient placés.

232. La banque doit cependant se trouver toujours à même de faire face à ses engagements. Or parmi les dépôts, il y en a de fixes ; il y en a aussi, et c'est de beaucoup le plus grand nombre, qui sont remboursables à vue ou à quelques jours

d'avis. Or souvent les banques peuvent se trouver dans de très grandes difficultés. « L'art du banquier, dit M. Courcelle-Seneuil, dans son *Traité des opérations de banque*, consiste à tenir les fonds dont il dispose aussi employés que possible, aux conditions les plus lucratives, et cependant à n'être jamais embarrassé pour faire face, soit aux demandes de remboursement de dépôt, soit aux besoins légitimes de ses ayants compte. » Or cela peut être difficile. Les banques anglaises, pendant les crises de 1857 et 1866, ainsi que M. Bonnet le rapporte, ont eu des difficultés graves, et la date sinistre du 11 mai 1866, le *black friday*, est restée tristement célèbre. Nous expliquerons, à propos des émissions, les garanties de remboursement.

233. Faut-il servir un intérêt aux déposants? La réponse ne peut être générale. Tout dépend du genre d'affaires, et de la nature des dépôts, comme l'a fort bien expliqué M. Courcelle-Seneuil. Il y a des banques qui ne font que des affaires rapides et brûlantes, d'autres qui ont une clientèle moins commerciale, et qui ont des dépôts de placement. Ces derniers sont calmes, à long terme, se retirent rarement. Il en est autrement des premiers. Or les dépôts remboursables à vue ou à très courte échéance, exigent des sommes disponibles ; le banquier ne peut les placer que d'une façon aisément réalisable, donc à très bas intérêt. Il ne peut donc, sans se compromettre, en servir

un lui-même. Au contraire, s'il reçoit des dépôts de placement, bourgeois plutôt que commerciaux, il peut lui-même placer ces fonds, mais en ayant toujours une très grande prudence.

234. Le système des dépôts retirables à vue présente, de l'avis de plusieurs, un danger grave, quand on leur attribue un intérêt. En effet, allouer un intérêt impose aux banquiers l'obligation de trouver eux-mêmes un placement plus productif. Ils peuvent donc moins en mesurer la sécurité. Les banques des Etats-Unis ont subi ce danger. La Banque d'Angleterre et la Banque de France ont toujours refusé, mais les banquiers particuliers donnent un intérêt, parfois même élevé. Beaucoup le font à regret, forcés par la concurrence. Ce danger est surtout grave pour les dépôts retirables à vue et pour les banques d'émission. Les banques qui donnent un intérêt se trouvent parfois dans l'alternative de perdre sur les dépôts ou de faire des placements aventureux. Quand on donne un intérêt et qu'on doit faire des sous-placements qui le remboursent, au moins est-il prudent de les *diviser* et de ne pas trop placer dans la même entreprise. Il y a d'ailleurs lieu de distinguer la nature même des dépôts et le degré de stabilité de la clientèle. C'est là une question d'appréciation difficile qui est un des éléments du génie de la banque.

335. Pour une banque d'émission, dont nous parlerons plus tard, le danger des intérêts sur

compte-courant est plus grand encore à cause du grand nombre de ses engagements à vue. Dans le rapport fait à la Chambre belge sur la loi de 1872 portant prorogation de la Banque Nationale belge, M. Eudore Firmez en exprime très bien la raison : « Si on examine, dit-il, la cause qui fait verser les capitaux dans une banque, on trouve qu'elle est double. Les capitaux peuvent être apportés pour servir à un mouvement d'affaires ; ils peuvent l'être pour y trouver un placement. Si la banque ne paie pas d'intérêts, les premiers seuls y entrent... L'avantage de ces dépôts est immense... Les fonds ainsi déposés ne reçoivent pas de rémunération pécuniaire, mais ils reçoivent une rémunération en services rendus. Ces fonds reçoivent aussi de l'absence d'intérêts une certaine limite. Cette situation se modifierait si par l'allocation d'un intérêt les dépôts devenaient un mode de placement... En les faisant entrer dans ses caisses, quel bien la Banque produirait-elle ? Il ne manque pas d'établissements d'une solidité parfaite qui les reçoivent... L'avantage disparaît alors pour faire place au danger. »

Quant aux banques qui ne font pas l'émission, elles doivent se régler d'après les circonstances et toujours agir avec une grande prudence.

236. Le système des dépôts et comptes courants n'est donc pas par lui-même d'une absolue sécurité. Il peut, nous le voyons, présenter des dangers : celui de provoquer une crise par les

engagements du nombre énorme de dépôts toujours retirables.

237. Nous parlons ici, rappelons-le, des dépôts dans le sens de dépôts en comptes-courants. Dans la pratique, nous l'avons dit, les banquiers réservent parfois le nom de *dépôts* aux titres ou valeurs déposés *en simple garde* par opposition aux dépôts en compte-courant. Ces dépôts-là ne portent pas intérêt et n'entrent pas dans les affaires.

§ 3. *Services de caisse, virements, chèques.*

238. Les banques qui ont reçu le dépôt d'un particulier, ou lui ont ouvert un compte-courant, font pour lui les affaires, paiements, recouvrements. Pour payer, on peut retirer l'argent par un mandat spécial, qui porte aujourd'hui le nom de *chèque* et que nous étudierons bientôt. Mais ces services de caisse peuvent se rendre aussi d'une manière plus simple, par un transfert d'écriture, déjà usité dans l'antiquité et au moyen âge.

239. De bonne heure, quand plusieurs personnes se trouvaient en relation avec le même intermédiaire, au lieu de retirer l'argent pour opérer le paiement, on se transportait chez lui et on faisait transcrire la somme du crédit de l'un à celui de son créancier. Tout se soldait ainsi fort simplement. On chargeait aussi son banquier de faire les paiements à d'autres sur sa provision.

Nous avons exposé, dans une étude spéciale, l'état du crédit en Grèce ; à Rome, les contrats dits *littéraux* sont la preuve de l'existence du crédit aux livres, dont M. Cruchon a expliqué l'organisation. Au moyen âge on en trouve une foule de preuves ; à côté d'autres attributions dont nous reparlerons, les transferts de créances se trouvent dans les habitudes très anciennes des banques d'Italie, MM. Nasse et Lattes l'ont prouvé; et cet usage existait également sur les autres places, notamment aux Pays-Bas. Mais nous ne pouvons ici faire l'histoire de cette institution. Il suffit de constater que le système du crédit en banque était utile et compris depuis longtemps, et le service de caisse déjà important au moyen âge ; M. Jannet, dans son étude sur les banques en Italie, se dit convaincu que le système des banques a survécu aux invasions barbares et existait au début du moyen âge.

240. Ce système devait se développer considérablement. Le virement, *giro*, n'était praticable à l'origine qu'entre gens de la même localité, entre présents. Cette restriction disparut. Mais au moins fallait-il avoir crédit chez le même banquier, sans quoi le virement était impossible, et il fallait de nouveau recourir aux paiements d'espèces, à moins que les divers banquiers ne se missent également en rapport entre eux et ne constituassent une sorte de virement *inter-bancal*, un système de compensation. Déjà autrefois, aux grandes foires,

les banquiers faisaient entre eux ces liquidations, ils combinaient toutes les traites et remises qui les concernaient, et résumaient ces paquets (spacchia) sur leurs regîtres (scartafaccium) d'où résultait le solde. Raphaël de Turri, au xviie siècle, nous explique fort bien ce système. Mais cela ne se faisait qu'en foire pour les changes en foire. Il fallait un système plus permanent. C'est en Angleterre que ce système de liquidation continue a pris le plus de développements, grâce à l'institution du *Clearing-house*.

241. La constitution du marché financier de l'Angleterre est des plus remarquables. MM. W. Stanley Jevons et W. Bagehot, entre autres, en ont fait l'instructive analyse. Il y a à *Lombard-street*, qui est le centre des affaires, une maison dite de liquidation, *Clearing-house*. Ce ne fut au début (vers 1775) qu'une réunion de quelques banquiers qui échangeaient leurs dettes et créances ; mais l'institution est devenue universelle. Chaque banque de Londres y a son pupître ; elle inscrit sur son regître, *clearing-book*, tous les effets qu'elle doit présenter aux autres, et en retour, reçoit aussi le paquet de ce qu'on lui réclame. Après examen les surveillants du *Clearing-house* reçoivent les résultats et font les balances. Les différences se soldent en traites sur la Banque d'Angleterre, où tous les banquiers ont des fonds de réserve. Ce système s'étend à la province ; les banques de province ont leur corres-

pondance avec une des banques de Londres. Quelques villes de province ont cependant établi des *clearing* locaux. L'Amérique a le même système dans le *clearing* de New-York, et divers pays ont adopté une organisation semblable.

242. Quand le système des relations en banque est organisé, il suffit d'un ordre pour opérer les transactions. L'*ordre de paiement* ou *de virement* porte un nom spécial : le *check*. Le système du chèque suppose, pour être généralisé, une habitude commune de déposer ses fonds en banque et de se servir de l'intermédiaire des banquiers. En Angleterre, l'usage des banques et des dépôts est universel, et c'est là qu'il a pris d'abord sa grande extension, bien qu'on le dise emprunté à Anvers au XVIe siècle ; les particuliers ne conservent pas d'argent ; les banquiers eux-mêmes ne conservent que ce qui est nécessaire au roulement de la caisse, si bien que la Banque d'Angleterre renferme à elle seule presque toute la réserve métallique du pays. Ce système, assurément très simple et commode, peut cependant présenter des dangers.

243. Le chèque est l'écrit qui sert au tireur à retirer à son profit ou au profit d'un tiers tout ou partie de fonds portés au crédit de son compte et disponibles. Le chèque suppose nécessairement l'existence de fonds disponibles. Ce n'est point un papier de crédit, mais un mandat de paiement. Le chèque donne au porteur un droit absolu à la pro-

vision. Comme c'est un mandat de paiement, non un papier de circulation, le chèque doit être présenté à très courte échéance. Bien qu'il puisse être créé au porteur et être endossé, il circule fort peu ; ce n'est point sa nature. Il est essentiellement *encaissable*. Le chèque, c'est de l'argent. C'est ainsi que le considèrent les diverses lois qui l'ont organisé. La loi belge du 20 juin 1873 porte *Loi sur les chèques et autres mandats de paiement.*

244. Le chèque est un ordre de paiement. Il peut donner lieu à des mouvements de caisse, à des versements en billets ou numéraire, comme aussi à des virements ; c'est ce dernier système qui en est la perfection. Le chèque est ainsi intimement uni aux dépôts et comptes-courants, et on l'a parfois défini, d'une façon trop exclusive, un ordre de virement.

245. Le chèque a beaucoup de partisans qui préfèrent ce système à celui des papiers circulables et surtout du billet de banque ; ils considèrent le progrès de la coutume du chèque comme un grand avantage au point de vue des facilités, comme à celui de la sécurité ; le chèque offre, d'après eux, les mêmes avantages que le papier circulable sans en présenter les dangers. M. Victor Bonnet énumère ces avantages dans son livre sur *Le crédit et les banques d'émission* ; il y ajoute celui de faire fructifier toutes les épargnes par le système des dépôts, mais il a soin aussi de faire remarquer les inconvénients du système. Là

aussi les abus sont possibles, comme nous l'avons vu en étudiant le système des dépôts.

Un des dangers les plus remarqués est de provoquer une crise par la diminution extrême du numéraire métallique. On le signale notamment en Angleterre et on attribue à ce système l'extrême sensibilité du marché anglais. La coutume du *chèque* est intimement liée à celle des *dépôts*; elle la suppose nécessairement. Il faut donc aussi combiner l'étude de ces deux opérations et leur influence économique.

246. Le chèque est très répandu en Angleterre. Grâce au système du *clearing*, les virements ont produit d'importantes simplifications. Presque tout s'y fait par chèque. Dans d'autres pays, notamment en France, on a essayé d'établir des chambres de compensation mais dont l'action est encore beaucoup moins étendue. A la Banque de France, la proportion des virements s'accroît dans les mouvements de caisse. Elle délivre à ses clients en compte courant des *mandats* qui sont de véritables chèques. L'usage des *carnets de chèques* tend à se répandre dans les banques. En Belgique, la Banque Nationale, d'après la loi organique peut aussi travailler à la constitution d'un *clearing*. Il y a encore beaucoup à faire dans ce sens, mais, dans cette pensée elle a autorisé des versements et créé des mandats spéciaux au profit de titulaires résidant dans d'autres localités; ce sont les *accréditifs*, mode sûr et facile de transférer des paiements par le moyen de ses agences.

247. Diverses lois ont organisé la pratique du chèque ou mandat de paiement. L'origine en est ancienne et on retrouve déjà dans la Grèce ancienne, la pratique des ordres de paiements. Nous ne pouvons en faire ici l'histoire. La chronique nous en montre l'usage répandu au moyen âge, notamment à Anvers au XVIe siècle, où sir Thomas Gresham serait venu l'étudier. De là il passa et s'acclimata en Angleterre où il se répandit plus que sur le continent. Une première loi française de 1865 l'organisa ; en Belgique, la législation date de 1873.

§ 4. *L'escompte.*

248. L'escompte, une des principales opérations de banque, a été défini fort exactement comme suit : « Il consiste à recevoir les effets de commerce, tels que lettres de change et billets à ordre, avant leur échéance, en faisant aux porteurs de ces effets l'avance de leur valeur, moyennant un intérêt déterminé. L'escompte n'est qu'une des formes du prêt à intérêt, mais il diffère du prêt simple en ce qu'il suppose toujours une opération commerciale préalable : celle qui a donné lieu à la création de l'effet escompté. C'est en ce sens surtout que l'escompte convient mieux aux banques que le prêt direct. C'est ordinairement d'ailleurs un prêt à court terme ; car l'échéance des

effets de commerce, est rarement fort éloignée. »

249. L'escompte est le complément naturel de la circulation des effets. Si le porteur a besoin d'argent comptant, il faut qu'il puisse s'en procurer. Le titre qu'il a accepté y donne droit à l'échéance, mais s'il en a besoin plus tôt, il faut recourir à l'escompte L'escompte est une des principales opérations des banques sur le continent européen, tandis qu'en Angleterre il est beaucoup moindre. Mais partout il a une importance considérable.

250. Les banques doivent faire une attention sérieuse au papier qu'elles escomptent. L'escompte est une avance dont la traite elle-même est la garantie. Les fonds seront recouvrés au jour de l'échéance. L'ensemble de ces traites entre dans *le portefeuille* de la banque, une des garanties essentielles de sa solvabilité et de son propre crédit. Il importe donc de n'accepter que du papier sur *valeur faite*, c'est à dire qui atteste une vraie transaction ; pour cette raison, on exige d'ordinaire deux ou même trois *signatures*, celle du tireur et d'un endosseur ou de l'accepteur, etc. L'appréciation des signatures et le crédit d'un papier sont souvent malaisés à décider. Il faut connaître fort bien non seulement les firmes, mais leur situation à chaque jour. Aussi l'escompte constitue souvent la fonction de comptoirs ou de courtiers spéciaux qui se livrent à une étude spéciale de ces conditions et livrent alors leur papier

aux banques qui les acceptent en se fiant à leur capacité et à leur garantie. W. Bagehot a expliqué le rôle des escompteurs de Londres dans son savant ouvrage sur *Lombard street et le marché financier de l'Angleterre*. Plusieurs banques d'Etat ont aussi des comptoirs d'escompte agréés. Nous en reparlerons.

251. *Quel est l'intérêt perçu à titre d'escompte?*
Le taux de l'escompte a été l'objet de très vifs débats. Nous examinerons plus tard cette question essentielle pour la stabilité et la sécurité même des banques. Ici nous ne fixons que la nature de l'escompte.

L'escompte n'étant qu'une forme de l'intérêt subit les mêmes influences générales. On n'escompte pas tout au même taux, et la question de sécurité occupe aussi une place importante : les traites acceptées ou non acceptées, ne sont pas escomptées aux mêmes conditions, etc.

Le mouvement et la détermination du taux de l'escompte d'après les circonstances générales et d'après celle du marché spécial de la banque, constitue un des points les plus délicats et les plus controversés de son administration. Nous examinerons cette question en traitant du régime des banques dans son ensemble.

252. Dans l'escompte des *effets*, les banques doivent prendre aussi de grandes précautions. Elles ne doivent accepter que des traites sûres, comme nous l'avons déjà dit. Elles doivent, en

particulier, en leur qualité de banques commerciales, éviter les traites à long terme, ou nécessairement renouvelables qui pourraient indéfiniment les priver de la disposition de fortes sommes. Tout dépend d'ailleurs du degré de stabilité que présentent les dépôts qui leur sont confiés.

253. Les banques ne font pas seulement l'escompte des traites à terme, elles se chargent aussi, à plus forte raison, des formalités nécessaires pour garantir les droits d'un client. Un négociant qui est payé en papier de diverses échéances et sur diverses places, aurait grand souci de veiller à la conservation de ses droits. Il les remet à son banquier qui se charge de ce soin et opère les *recouvrements*.

§ 5. *Les placements.*

254. Les banques doivent placer leurs fonds disponibles, les leurs comme ceux des dépôts qui leur sont confiés à terme plus ou moins long. L'escompte est une espèce de placement; mais il ne suffit pas; elles ne peuvent tout employer en escompte. Elles placent le reste de leurs ressources soit en prêts, avances directes, avances sur titres ou lingots; soit en acquérant directement des titres divers. L'ensemble des titres, actions, effets, etc. constitue ce qu'on appelle le portefeuille de la banque.

255. Dans les placements et la composition du

portefeuille, il faut une sage prudence. Les placements industriels, par exemple, peuvent être pour les banques commerciales la cause de grands embarras. Il en est de même des prêts hypothécaires. Les exemples en sont fréquents et il faut dans ces opérations une très grande prudence. Nous aurons l'occasion d'énoncer les principales règles de cette prudence à propos de diverses opérations des banques, comme nous l'avons fait déjà à propos de l'escompte, des dépôts, etc.

Les banques doivent avoir grand égard à la nature des dépôts qui leur sont confiés, pour le choix de leurs placements. Plus elles sont exposées à de fréquents et rapides retraits, plus la circonspection leur est imposée. Elle l'est d'une manière toute spéciale aux banques d'émission.

256. Il y a des placements qui se font sous la forme particulière d'une *ouverture de crédit* généralement accompagnée d'un compte-courant dont nous allons parler.

L'ouverture de crédit est une promesse de prêt faite par le banquier, laquelle se transforme en prêt par sa réalisation. Le montant en est déterminé par l'accord des parties. En principe, au moment de sa conclusion, c'est une dette future, mais qui assure des ressources au client de la banque. La loi belge a permis expressément la constitution d'hypothèque pour ouverture de crédit.

§ 6. *Le compte-courant.*

257. Les relations d'un particulier avec un banquier lui ouvrent chez celui-ci un *compte-courant*. Le *compte-courant* est le résumé de toutes les opérations que le banquier fait pour son client soit en dépenses soit en recettes : tout est passé en compte-courant jusqu'aux limites du crédit du client. C'est un contrat spécial qui embrasse toutes les opérations et se résume des deux parts dans le paiement final du reliquat de compte.

258. La nature juridique du compte-courant a donné lieu à bien des controverses que nous ne pouvons que signaler. Dans leur savant *Précis de droit commercial*, MM. Lyon-Caen et Renault le définissent ainsi, tel qu'il est aujourd'hui, d'accord avec les opinions les plus autorisées : « Un contrat par lequel deux personnes, en prévision des opérations qu'elles feront ensemble et qui les amèneront à se remettre des valeurs, s'engagent à laisser perdre aux créances, qui pourront en naître, leur individualité, en les transformant en articles de crédit ou de débit, de façon à ce que le solde final résultant de la compensation de ces articles soit seul exigible. » C'est donc un contrat *sui generis* opérant novation de toutes les créances spéciales et produisant une dette nouvelle : le solde final.

259. Le compte-courant, comme l'expliquent déjà les paragraphes précédents, suppose des relations habituelles entre le banquier et le client. Les conditions en sont variables suivant les convenances réciproques, l'estime et la solvabilité des parties. Le compte-courant est en rapport avec l'habitude des dépôts ; tout le monde n'est pas en mesure d'avoir un compte-courant et l'usage n'en est pas égal dans tous les pays.

260. Le calcul des comptes-courants comporte une arithmétique et une comptabilité spéciales qui sortent absolument de notre cadre.

261. Les banques ont pour leurs clients des faveurs particulières qu'elles mesurent, ainsi que nous venons de le dire. C'est ainsi, par exemple, que la Banque de France distingue les opérations réservées aux titulaires des comptes-courants et celles accessibles à tout le public. Les comptes-courants ne sont pas non plus tous identiques, il y en a avec ou sans ouverture de crédit, etc.

§ 7. *L'émission et les billets au porteur.*

262. Le *billet de banque* est un papier de crédit à vue et au porteur. C'est donc la réalisation la plus complète de la circulation fiduciaire.

Le billet de banque est un titre de créance comme les effets de commerce. Il semble que tel ne fut pas son caractère originaire. Les grandes banques de dépôt d'Amsterdam, Hambourg, Stockholm avaient de grandes sommes, et on stipulait les paiements en *argent de banque*, estimé pur. Pour faciliter ces opérations, elles émirent des *récépissés*, certificats de dépôt, sortes de *bons de caisse*, qui circulaient en paiement. C'est le point de départ historique.

263. La banque, actuellement, émet les billets par toute voie de paiement. C'est un titre de créance contre elle. Ce titre, comme tous autres, ne vaut que par la confiance qu'on a dans le paiement. Les banques ont une solvabilité connue, surtout si c'est une grande banque; les billets étant à vue et au porteur, et, à ce titre, d'un usage facile et d'une réalisation rapide, circulent à la façon de la monnaie dans les transactions. Il serait tout à fait erroné cependant de les assimiler à la monnaie. Ils en jouent le rôle à cause des qualités que nous avons indiquées, mais n'en sont point. Le billet de banque n'est point du *papier-monnaie*. Nous dirons bientôt ce qu'il faut penser de ce dernier.

Il n'en est pas moins vrai que ce billet remplit le rôle de la monnaie dans les transactions. Il le remplit d'une manière bien plus complète que le chèque dont le cours est toujours limité; que l'effet de commerce qui doit être endossé; tous deux exigent des formalités, et, fussent-ils même à vue et au porteur, la multiple variété de leurs signatures rend leur circulation moins aisée dans le public.

Il résulte de son rôle *quasi-monétaire* que la sécurité du billet de banque est d'un intérêt de premier ordre.

264. Il faut que les billets soient toujours convertibles en numéraire à volonté du porteur. C'est la *raison* même de leur valeur et de leur circulation.

265. Quelle limite faut-il assigner à la circulation? Il est impossible de la préciser. Savoir combien de billets peut absorber un pays est une question insoluble. Cette quantité varie constamment. Elle peut doubler parfois sans rien compromettre; elle peut parfois s'abaisser et être pleine de dangers. Il importe donc que les banques règlent avec prudence leur circulation. Elles ont heureusement pour se guider une indication précieuse dans le cours du change, comme nous l'indiquerons bientôt.

266. Plusieurs économistes ont soutenu que l'excès des émissions ne pouvait se produire. En effet, disent-ils, augmenter les émissions c'est augmenter les instruments de circulation. Or, s'il y en a trop, on verra affluer les demandes de remboursement de billets. L'excès ne pourra se maintenir. C'est ce que soutiennent M. Courcelle Seneuil et divers autres. Mais là n'est point du tout la question. Le billet reviendra à la banque, soit, sinon immédiatement, au moins très vite après son émission, mais est-il certain qu'on pourra le rembourser? Or, c'est cette certitude qui est tout.

Dira-t-on que le public, au courant de la solvabilité de la banque, contrôlera les billets? Illusion! Les billets sont recherchés avec ardeur aux époques de grande activité, de surexcitation qui précèdent les crises; puis, au moment de la crise, survient le quart d'heure des liquidations et des difficultés. Alors ce n'est plus le billet, c'est le numéraire qu'on réclame.

M. Clément Juglar a démontré la place qu'occupe le billet dans la physionomie des crises. L'expérience n'a que trop prouvé que les excès étaient possibles. L'exemple des Etats-Unis a été particulièrement instructif.

267. Le nombre des billets dépend beaucoup des habitudes commerciales du pays, d'après que la pratique des virements est plus ou moins répandue. En France le rôle des virements augmente beaucoup, surtout à Paris, bien moins en province. Les calculs du Dr Juglar sur les mouvements de caisse de la Banque de France le montrent. Tout dépend de la façon dont s'effectuent les mouvements de caisse. En Angleterre les virements sont beaucoup plus usités. Les billets et les virements se complètent donc mutuellement; ce sont deux formes du crédit en banque. M. Léon Say a fort bien marqué cette vérité dans un discours prononcé au Sénat français le 25 février 1884 : « Qu'est-ce que le billet de banque? C'est le compte-courant que les gens qui ne sont pas riches ont avec la Banque de France. » Les

petits commerçants, les particuliers qui n'ont pas assez de fonds pour ouvrir un carnet de chèques, recourent aux billets. On a même appelé le service du billet de banque un *virement sans écritures*. En Angleterre l'usage du compte-courant descend à des crédits bien moindres qu'en France. On peut bien considérer comme un progrès l'augmentation du système des virements, mais il ne faut pas en conclure à la suppression des billets qui ont leur rôle à jouer dans la circulation, et qui, avec des précautions sérieuses, offrent une parfaite sécurité normale.

CHAPITRE IV. — Sécurité des banques.

268. Tout le commerce de la banque est fondé sur l'exécution exacte et précise des engagements pris, dit fort bien M. Courcelle-Seneuil qui donne d'excellentes règles pour l'assurer. Les banques ne peuvent rendre service qu'à cette condition même. Il faut que les banques puissent toujours faire face à leurs engagements; c'est élémentaire. Mais le danger principal consiste dans la multiplicité des engagements à vue. Les billets et les dépôts constituent pour les banques l'occasion de remboursements nombreux et imprévus. Or il faut assurer et la restitution des dépôts et la convertibilité des billets.

269. La prudence des banques est à la fois

leur intérêt et leur devoir. Elles ont une utilité publique, comme le crédit lui-même ; mais elles doivent veiller à leur sécurité, ne pas s'exposer à l'impossibilité de rembourser. Le sens moral est malheureusement, de nos jours, souvent émoussé en ces matières ; le public aurait tout à gagner à ce que la délicatesse chrétienne gouvernât le crédit ; on serait moins léger à compromettre dans des aventures l'*argent des autres!* Ici, comme en toutes choses, l'utilité sociale et économique des institutions se mesure au respect des règles éternelles de la loi divine.

§ 1. *Les garanties de la sécurité.*

270. Sur quoi repose la sécurité des banques ? Il y a des *garanties*; il y en a de diverses natures. Il y a deux garanties principales : l'encaisse et le portefeuille de la banque. Les billets s'émettent contre des métaux en dépôt, ou bien des effets de commerce en escompte et recouvrement, ou bien enfin des titres sur lesquels on fait des avances. Ce sont là les garanties proprement dites de l'émission, sans compter les garanties générales du capital de la banque.

271. Nous réunirons dans cet aperçu les principales règles de prudence à observer pour les banques en nous plaçant surtout au point de vue des banques d'émission. Plusieurs s'appliquent aux

dépôts retirables sur chèques comme aux billets. Peut-être, et nous l'expliquerons plus loin, la facilité de circulation quasi-monétaire des billets rend-elle leur sécurité plus essentielle à l'ordre public ; mais au point de vue de la situation des banques, le danger existe des deux côtés et de graves intérêts y sont également engagés. Ces intérêts sont même tout à fait similaires ; c'est de part et d'autre le crédit en banque, mais sous des formes différentes.

272. L'*encaisse* consiste dans la quantité de métaux disponibles. Il ne s'agit pas de dépôts reçus et rétrocédés en placements, soit à des particuliers, soit à d'autres banques, mais de vraies réserves existant à l'état liquide et immédiatement disponible. Toute banque a besoin d'une réserve, non seulement pour le besoin quotidien de la caisse, mais pour pourvoir à l'éventualité des demandes de remboursement. Cette précaution porte sur les dépôts retirables à vue aussi bien que sur les billets. C'est la *garantie immédiate* destinée à répondre aux besoins urgents. Il faut que l'encaisse soit disponible et liquide.

273. Le *portefeuille*, quand il est composé avec sagesse, constitue une garantie tout aussi sérieuse ; mais c'est en partie, pour la plupart des effets de commerce, une *garantie à terme*, en ce sens qu'elle ne se réalisera qu'au jour de leur échéance. A ce jour, ou bien le montant sera recouvré en espèces qui grossiront l'encaisse, ou en billets ce qui di-

minuera leur chiffre de circulation. Les banques doivent avoir soin de ne pas accepter de papiers douteux, ni de papiers à trop longue échéance ce qui compromettrait leurs rentrées.

274. Quelle proportion doit exister entre ces deux garanties ?

A première vue, il semblerait que tous les engagements à vue dussent être couverts par la réserve métallique, puisqu'on peut, à chaque jour, en réclamer le remboursement. En fait, cependant, cette opinion serait excessive. Certes, en principe, tous les billets sont convertibles ; mais, en fait, ils ne se présenteront pas tous à conversion ; à plus forte raison ne se présenteront-ils pas tous le même jour ; or les échéances surviennent et la caisse se remplit à mesure qu'elle se vide. Une certitude morale semblable existe pour les dépôts et pour l'ensemble des engagements à vue. On ne peut donc exiger que les banques aient toujours en caisse l'équivalent de leurs émissions, comme le veulent les *bullionistes* absolus. La convertibilité des billets n'en est point menacée ; le métal reste toujours la base de la circulation. Au métal qui circule, se joint un appoint en billets représentant un droit au numéraire, droit qu'on a la certitude morale de voir respecter quand l'émission n'est pas exagérée.

275. Nous avons dit qu'il y avait des billets qui ne se présentaient *pas* à conversion. Il faut signaler d'abord ceux qui se perdent, et le chiffre

en est assez important. Il y a aussi un minimum indispensable à la circulation intérieure et qu'on pourrait émettre à découvert. En Angleterre même, par exemple, la Banque émet quatorze millions sterling (350 millions de francs) qui ne sont autrement garantis que par le capital de la Banque.

276. Quelle somme faut-il garder en caisse pour faire face avec sûreté au remboursement des obligations à vue?

Remarquons encore ici qu'il ne faut pas tenir compte des seuls billets, mais de *tous* les engagements à vue. Ce n'est qu'à cette condition que le chiffre de l'encaisse a une signification sérieuse. C'est bien ainsi que l'entendent les financiers. On s'est plu parfois à déterminer une proportion fixe du *tiers*. Ce chiffre n'a rien de fatidique; il a semblé que l'expérience prouvait la suffisance de ce chiffre pour le temps normal ; mais il faut se garder d'y voir une règle absolue. Il faut de la prudence, mais une prudence éclairée, ce que j'appellerais de l'*opportunisme*, si on n'avait abusé du mot. Le banquier doit apprécier jusqu'où il peut descendre sans menacer son crédit, ébranler la confiance. C'est ce que M. Bagehot appelle fort bien le *minimum d'appréhension* du marché. Or, comme il l'ajoute avec raison, aucune formule infaillible ne peut le préciser, car le crédit dépend d'une foule de circonstances. Il ne faut jamais descendre en dessous du minimum que révèle l'état du marché, ce qui revient à dire qu'il ne faut pas s'en approcher, car quelque accident peut survenir qui forcerait la limite ; puis il ne faut jamais oublier qu'une légère erreur en trop est inoffensive et se traduit par une perte insignifiante, tandis que les erreurs en moins peuvent causer la ruine.

277. Longtemps on avait admis qu'on pouvait émettre autant de billets qu'il y avait de lettres de change suffisamment garanties. En 1810 on forma en Angleterre une commission d'enquête, dite *Bullion Committee* où figuraient Horner, Thornton et Huskisson. Leur rapport, le fameux *Bullion Report* dévoila le sophisme de cette doctrine et montra qu'il y a une différence entre l'escompte qui avance du capital et l'émission de billets qui ajoute à la masse de la circulation fiduciaire, risque de l'exagérer et, par conséquent, de la déprécier. L'escompte et l'émission ne sont nullement synonymes. Ce n'est donc pas dans le besoin d'escompte qu'il faut chercher la mesure des émissions.

278. Comment faut-il se régler en pratique? Il y a pour le chiffre des émissions *un baromètre sûr*, comme l'ont expliqué M. Léon Say et bien d'autres, *c'est le mouvement des changes*. C'est lui qui manifeste l'état de la circulation intérieure : c'est là le principal enseignement de la situation du marché. Si le change est contraire, c'est qu'il faut de l'argent exportable pour payer les dettes à

l'étranger; nous avons déjà signalé ce fait à propos du change lui-même. Or des billets exportables sont des billets convertis en or. On devra donc restreindre les émissions et augmenter l'encaisse.

279. Nous avons déjà indiqué, au chapitre précédent, quelques mesures spéciales de prudence, relatives aux dépôts, aux placements etc. Nous y reviendrons encore et ne faisons ici qu'y renvoyer.

280. Les règles générales que nous venons d'indiquer ne s'appliquent pas à toutes les banques de la même façon. Beaucoup dépend, et ceci est très naturel, du caractère de leur clientèle, de la nature des dépôts, etc. Le *minimum d'appréhension*, la prudence dans la durée des placements dépend beaucoup de ces circonstances. Ces différences existent entre les pays, comme entre les banques du même pays, de la même place. Les règles que nous avons tracées sont donc générales, mais ont des applications d'une étendue et d'une intensité variable d'après les circonstances.

En pratique, tout cela est difficile. Il y a pour toutes les banques des moments pénibles, où l'appréhension est subite, provenant d'une foule de causes souvent malaisées à saisir. La banque doit observer cette situation. Son principal souci doit être de maintenir la conviction du remboursement. Elle doit à la fois éviter d'augmenter les craintes en resserrant outre mesure le crédit, et de compromettre sa situation en lui donnant facilité imprudente. Ces difficultés se présentent souvent pour les banques. Elles ont pour y faire face, divers moyens, dont elles doivent user d'après les circonstances, et dont l'application est souvent compliquée.

§ 2. *Taux de l'escompte.*

281. Comment régler la circulation et l'encaisse? Si le change devient contraire, il est manifeste, nous l'avons dit, qu'on a besoin de numéraire exportable. Il en résulte qu'on va demander à la banque du numéraire métallique, et qu'il est temps de réduire les billets et d'augmenter les ressources de l'encaisse. Cette situation durera et ce besoin se manifestera tant que le change restera contraire.

282. Le change indique le besoin de numéraire exportable. Mais comment va-t-on *corriger le change*, car maintenir le change, c'est maintenir la circulation? Il y a un moyen de remédier à la situation, c'est d'*élever le taux de l'escompte.*

Cette mesure est justifiée, par ses partisans, de la manière suivante : l'argent étant à un intérêt plus élevé dans un pays, y est attiré par cet appât. L'argent arrive à la banque, non seulement du pays, mais de l'étranger. Les créanciers étrangers ne réclament pas leur dû et même on fait des remises sur la place pour y bénéficier de la hausse de l'intérêt. La caisse se regarnit ainsi et l'émigration du numéraire est arrêtée.

283. Cette mesure a été fort critiquée. On l'a trouvée illogique, funeste et illusoire. Illogique, parce qu'il n'y a, dit-on, aucun rapport entre le taux de l'escompte, c'est à dire de l'intérêt en banque, et l'exportation de l'argent. Funeste, parce qu'elle refuse ou diminue le crédit au moment où il est le plus nécessaire pour sauver la situation. Illusoire, parce que toutes ces fluctuations ne profitent qu'à la haute banque et aux trafiquants de métaux précieux, comme eux-mêmes, dit-on, l'ont parfois reconnu. C'est la thèse des administrateurs de la banque d'Angleterre avant 1810 ; c'est celle soutenue encore par quelques financiers modernes.

284. Malgré ces objections, l'opinion des financiers paraît presque unanime aujourd'hui en faveur des variations de l'escompte. En Angleterre il n'y a plus guère de désaccord sur ce point ; c'est un minimum de précaution que les auteurs du *Bullion Report* réclamaient en 1810, comme le réclament maintenant Goschen, Bagehot et autres. Les grandes banques appliquent généralement ce système.

A l'objection, formulée plus haut, on répond d'abord au nom de l'expérience qui démontre, dit-on, l'efficacité du procédé. Est-il illogique ? Plusieurs, M. Goschen entre autres, dédaignent de se le demander. Mais M. Juglar nous donne ce lumineux aperçu dans son magistral mémoire sur *Les crises commerciales* : « Ce ne sont pas les billets qu'on recherche dans ces moments, car à peine reçus,... ils se présentent... pour être convertis en valeurs métalliques, comme la diminution de la réserve ne le prouve que trop... Si la circulation seule des billets suffisait, pourquoi s'attaquer à l'encaisse ? Car *la Banque n'élève le taux de l'escompte que parce que dans ces moments c'est le numéraire que l'on recherche, numéraire que le change défavorable sollicite.* » L'escompte en billets serait donc inutile et dangereux ; l'escompte en numéraire doit se faire payer cher *parce qu'il l'est* et qu'il faut en réduire le chiffre. Il n'est donc pas faux de dire que la Banque subit, qu'elle ne crée pas la hausse de l'escompte, mais la proclame dans son intérêt et dans celui du public.

285. La banque en élevant le taux de l'escompte rend-elle service au public ? On a prétendu que, au contraire, elle lui était nuisible en rendant les escomptes plus chers et plus difficiles, au moment même où les besoins du public augmentent. Or, dit-on, la banque, surtout si elle est privilégiée, doit être utile, faciliter le crédit. Les banquiers particuliers font ce qu'ils veulent, mais les banques privilégiées ont d'autres devoirs.

Les défenseurs de la mesure répondent que la banque même privilégiée ne peut *faire* du crédit à bon marché, qu'elle doit le faciliter sans doute et ne peut faire des profits sur un escompte immodéré, qu'il faut l'en empêcher, mais non réduire artificiellement l'intérêt. De plus les banques en élevant l'escompte signalent le danger de la situation et l'abus du crédit; la banque connaît le marché, fait l'office de *vigie* et crie *casse-cou!* Enfin la banque doit protéger son encaisse; sinon elle ferait faillite ce qui ferait au public plus de tort que la hausse de l'escompte. Mais la banque doit éviter d'ailleurs de restreindre le crédit d'une façon violente ou inopportune et d'aggraver ainsi les dangers d'une panique ou d'une crise. Il faut en tout ceci grande prudence et beaucoup de tact financier.

286. Les banques ne peuvent-elles prendre d'autres mesures pour se protéger? Sans doute, et elles en emploient plusieurs, que malheureusement notre cadre ne nous permet pas d'analyser; nous ne pouvons faire tout un traité d'opérations de banque. Voici les principales de ces mesures : Réduire les bordereaux, c'est à dire ne donner que 10,000 par exemple à celui qui a besoin de 30,000 et présente des traites pour cette somme; imposer la limite de jours, c'est à dire n'accepter que du papier à très court terme, etc. On a souvent aussi constitué un portefeuille étranger, de manière à se procurer rapidement du numéraire. On a proposé de faire dans les moments difficiles des emprunts à d'autres places. Enfin quelques financiers ont conseillé le réescompte des traites aux particuliers. De tous ces moyens il y en a qui ne sont guère plus favorables au

public que l'élévation de l'escompte ; c'est le cas des deux premiers. Quant aux autres, les banques y ont recours, mais leur efficacité semble limitée. On peut écarter en certains cas ou reculer la mesure par les divers moyens indiqués, notamment par le mouvement du portefeuille étranger, mais on ne pourrait, de l'avis d'hommes très compétents, en théorie et en pratique, éviter toujours de recourir à l'*aviron* de l'escompte que toutes les banques d'ailleurs ont employé avec succès. Nous ne pouvons ici qu'indiquer d'une manière fort sommaire ces divers points qui méritent l'attention et l'étude spéciales des financiers.

287. « Quiconque, que ce soit une banque ou plusieurs banques, dans un pays quel qu'il soit, détient la réserve de banque de ce pays, devrait, dès le commencement d'un état de choses peu favorable dans les changes étrangers, élever immédiatement le taux de l'escompte pour empêcher une plus ample diminution de la réserve et pour l'augmenter même par des importations de métaux précieux. » Telle est la thèse développée par Bagehot dans son remarquable ouvrage sur *Lombard street ou le marché financier en Angleterre*, et qui résume aussi la pensée de la plupart des financiers sous la réserve de ce que nous avons dit au précédent n°.

La banque doit prendre ses précautions dès que, *pour une cause quelconque*, elle voit s'élever le danger des remboursements. Mais si l'on prend les mesures de précautions nécessaires; il est du devoir et de l'intérêt de la banque de ne pas étrangler le crédit et d'empêcher une panique de dégénérer en démence. Cette sagesse est surtout de tact et d'opportunité et c'est au génie des banques à en saisir les enseignements.

CHAPITRE V. — LE PAPIER-MONNAIE ET LE COURS FORCÉ.

288. Il est arrivé souvent que les gouvernements émettent de la monnaie sans valeur intrinsèque; généralement ce sont des *bons* ou *mandats*: c'est là vraiment le papier-monnaie. Ce même but est réalisé en donnant *cours forcé* aux billets d'une banque qui fait elle-même des avances au trésor. Cet expédient est très commun et nous devons l'apprécier. Dès l'abord il faut préciser le sens des termes et distinguer le *cours légal* du *cours forcé*. Le cours *légal* consiste dans l'admission des billets dans les caisses publiques et l'obligation de les recevoir pour les paiements entre particuliers; le cours *forcé* est cette même mesure, mais aggravée de la dispense pour la banque du remboursement métallique; les billets sont inconvertibles. Il faut le cumul de ces deux mesures pour transformer le billet de *titre de créance* en *papier-monnaie*.

289. Le cours forcé répond à certaines nécessités intenses, tels que les besoins extraordinaires

résultant de grandes guerres. Bien peu de pays ont échappé, au moins pendant quelque temps, au régime du cours forcé. C'est une mesure extrême qui laisse toujours des traces, à laquelle il ne faut recourir qu'en cas urgent et dont il faut se dégager dès que les circonstances le permettent. C'est cependant un moyen facile, pour les gouvernements, de se procurer de l'argent, des ressources considérables en peu de temps. C'est là aussi ce qui le rend insidieux et aggrave ses dangers.

290. Quels sont donc les inconvénients du cours forcé ou du papier-monnaie? Son danger essentiel consiste dans son *inconvertibilité* même.

Au premier besoin de métal, de comptant, la valeur de ce papier est menacée. Le métal s'exporte et, finalement, gagne sur le papier une forte prime. Quand le change est contraire, les pays à papier-monnaie se trouvent nécessairement dans une situation fâcheuse. La monnaie métallique disparaît. Si, en 1870, la France a subi, seule dans l'histoire, sans inconvénients sérieux, l'épreuve du cours forcé, c'est grâce à sa vitalité commerciale, à la faveur constante du change et aux fortes réserves métalliques qui existaient dans le pays. Tous les autres pays, tous, car le cours forcé a fait son tour du monde, ont subi de graves inconvénients de ce régime, même quand les gouvernements n'en abusaient pas, par la crainte de l'insolvabilité finale, par l'action des changes, par l'influence des faits politiques et du crédit de l'Etat.

291. Ces inconvénients, dont la cause principale est dans *les variations de la valeur du papier*, peuvent s'énumérer comme suit : le caractère aléatoire des contrats, surtout de ceux qui sont périodiques ou à terme ; les pertes infligées aux créanciers de sommes fixées auparavant en métal; les spéculations qui provoquent l'*agio* ; le découragement de l'épargne ; l'élévation de tous les prix ; les pertes du trésor sur la rentrée des impôts et sur le taux des rentes; les défaveurs croissantes du change et les perturbations du régime des échanges qui sont la cause d'une sorte d'isolement économique.

292. Ces inconvénients sont bien difficiles, presque impossibles, à éviter. L'exemple de la France en 1870 ne peut servir de base à un système de papier-monnaie. Cet exemple est unique et exceptionnel, à raison des circonstances que nous avons indiquées.

Partout ailleurs, le papier-monnaie a fait une chute plus ou moins rapide, et les fâcheux effets se sont produits avec plus ou moins d'intensité, dans la France de la révolution, en Autriche, en Italie, en Russie, en Angleterre, aux Etats-Unis; et les gouvernements, une fois entrés dans cette voie, n'ont pu s'en dégager que par mille efforts. En Autriche, par exemple, les *Banco-Zettel* qui ne supportaient qu'une perte de 3 p. c. en 1799, firent une chute si rapide que, en 1810, ils étaient à l'argent comme 1 : 15. Les accidents des budgets, les faits extérieurs, tout concourt à augmenter ces inconvénients, à les rendre plus sensibles même par leurs fréquentes oscillations. Ainsi, aux Etats-Unis, l'agio passa en une même année, pendant la guerre de 1 1/2 à 37 p. c., de 28 p. c. à 134 p. c., etc. Un des exemples les plus célèbres des funestes effets du *cours forcé* est le régime des *assignats* de la révolution française.

293. Le régime du *cours forcé* doit être considéré comme un mal auquel il ne faut recourir que dans les circonstances les plus graves. Et, en effet, rien de plus difficile que d'en sortir, dès que la dépréciation est accomplie. La France, nous l'avons vu, a pu traverser cette épreuve qui a été courte et sans effets pernicieux ; mais il n'en est pas de même ailleurs. Certains gouvernements y ont vu le moyen d'augmenter leurs ressources par un procédé commode. Cela ne peut assez se condamner. Mais, même avec la meilleure volonté, l'abolition est souvent difficile.

294. Comment abolir le cours forcé ?

Il faut chercher à l'abolir dès que les circonstances le permettent. Les inconvénients sont trop grands pour reculer volontairement la reprise des paiements métalliques et on a souvent blâmé les Etats-Unis qui avaient préféré éteindre leur dette publique qu'abolir le régime du cours forcé. Les conditions les plus favorables à la reprise sont évidemment celles où l'*agio* est moindre ; quand le crédit de l'Etat est assuré, l'équilibre budgétaire établi, le change favorable, les réserves des banques suffisantes. Il faut pour cela un travail sérieux de bonne administration souvent difficile et devant lequel reculent les gouvernements. Il faut cependant travailler à ce résultat et soustraire le plus tôt possible le pays aux inconvénients du papier-monnaie.

295. On n'oserait soutenir d'une façon absolue, semble-t-il, qu'il ne faille jamais recourir au papier-monnaie. C'est un moyen ruineux, pernicieux, auquel il faut s'exposer le moins possible et ne recourir que dans les circonstances tout exceptionnelles où on ne peut se passer de ressources immédiates considérables que l'impôt donnerait trop tard et que l'emprunt ne donnerait pas assez ou donnerait trop cher. La Prusse seule, en 1870, a évité le cours forcé grâce à son trésor de guerre et à sa longue préparation. Les autres pays y ont presque tous été réduits, La plupart en sont sortis après bien des efforts. Aujourd'hui encore en Europe plusieurs pays, notamment la Russie et l'Autriche en subissent les fâcheux effets.

CHAPITRE VI. — Régime légal des banques et de la circulation.

§ 1. *Aperçu des systèmes.*

296. La loi, le pouvoir public, doit-il intervenir dans le régime des banques? Cette question est surtout agitée encore pour les banques d'émission, où la solidité du billet domine toute autre considération.

La question comporte des solutions diverses. Très différentes par le détail, on peut les grouper en quatre catégories, que voici :

a) Liberté complète des banques. Système des Etats-Unis de 1837 à 1863.

b) Banque d'émission unique et liberté d'opérations. Banque de France selon ses statuts primitifs (1800) et l'esprit de sa constitution. En 1870, le cours forcé a eu pour corollaire la fixation légale d'un maximum d'émission. Bien que le cours forcé ait disparu, le maximum des billets a été maintenu depuis lors.

c) Banque d'émission unique et règlementation des opérations. Banque Nationale de Belgique, depuis 1850; Banque austro-hongroise (1878). Le plus radical exemple de ce système se trouve dans le régime de la Banque d'Angleterre (act de 1844), bien qu'on n'ait pas absolument supprimé les banques privées.

d) Pluralité des banques mais règlementation des opérations et de la constitution ; régime des

Etats-Unis (lois de 1863 et 1882) et de la Suisse (1884). Les systèmes *a* et *d* peuvent se concilier d'ailleurs avec l'existence d'une banque d'Etat, comme cela se passe *(d)* en Allemagne (1875), dans les *Enskilda Bank* de Suède (1830) et dans une certaine mesure, en Angleterre.

297. Les théoriciens se partagent. Beaucoup, surtout dans l'école des économistes purs ou orthodoxes, soutiennent le système de la liberté et de la pluralité, auquel ils ne voient point d'inconvénients. Nous écartons ici les *inflationistes*, nom qu'on donne à ceux qui ne voient qu'avantage au développement de la circulation, sans en apercevoir les dangers. Mais parmi ceux qui veulent maintenir le crédit dans de sages limites, tous ne sont pas d'accord sur le moyen d'y arriver.

298. Sauf l'école dite des *inflationistes* qui ne voit qu'avantage à l'extension de la circulation, tout le monde, avons-nous dit, est en principe, partisan de la circulation métallique, et à ce titre, est dit *bullioniste*. Mais tout le monde ne l'est pas au même degré. Les uns, ceux qui défendent ce qu'on appelle le *Curency principle* comme Robert Peel en Angleterre, veulent mettre à la circulation une limite inflexible, tandis que les autres, dits partisans du *Banking principle* veulent arriver au même résultat par le règlement commercial des opérations de banque. Mais pour tous deux, en définitive, comme le remarque fort bien Wolowski,

le métal précieux demeure le seul terrain solide des transactions. On a eu beau rire du *terrain solide* de l'or, il n'en est pas moins vrai qu'à voler trop haut, le crédit perd l'équilibre et tombe. Il faut distinguer, en théorie, les *inflationistes* des *bullionistes* et sous-distinguer, parmi ceux-ci, les partisans du *currency* et ceux du *banking principle* d'après l'influence qu'ils accordent à l'action légale dans la circulation.

§ 2. *Unité ou pluralité des banques*.

299. La première question qui se présente est de savoir s'il faut préférer le système du monopole ou celui de la concurrence en matière de banque.

Les partisans de la liberté et de la pluralité des banques invoquent les avantages ordinaires de la concurrence commerciale; la meilleure adaptation du service aux besoins locaux connus par les banques régionales; la sécurité résultant de la multiplicité des encaisses; enfin la garantie qu'offre au public le contrôle mutuel qu'exercent les banques.

300. Les partisans de l'unité soutiennent que ce régime étend la circulation loin de la restreindre, et lui donne, par la marque d'une signature officielle et connue, plus d'amplitude et de sécurité devant le public; que l'unité de circulation a une grande supériorité; que la banque centrale

très au courant du marché peut rendre de très grands services; que l'adaptation des services aux besoins peut parfaitement se faire par elle, grâce aux succursales, et enfin que la multiplicité des banques n'implique pas nécessairement une encaisse supérieure. On a fait remarquer aussi que les demandes de numéraire se produisent sur divers points du territoire et que la banque centrale a le moyen de répartir son encaisse sur les points menacés; c'est même là une de ses opérations les plus difficiles et M. Juglar y voit un des grands avantages de l'unité.

301. Quelques pays ont concilié dans une certaine mesure les deux principes, en permettant, à côté d'une grande banque d'Etat, l'existence de banques privées dans certaines conditions. Ce n'est certes point le système de la liberté des banques, mais c'est la pluralité restreinte. C'est ce qu'a fait l'Angleterre, en 1844, vis à vis des banques d'émission privées *Joint Stock banks* existant au moment de la loi, mais qui, bien que leur nombre soit réduit, sont loin d'avoir disparu. C'était un moyen de ménager la transition et de respecter les droits acquis. L'Allemagne a agi de même en 1875, en constituant la banque impériale; les banques privées et celles des divers Etats, peuvent émettre des billets à certaines conditions; ces billets sont alors reçus aux caisses des Etats confédérés. La Suède a adopté le même système pour les banques privées (Enskilda banks)

qui fonctionnent, sous certaines conditions fort sévères, à côté de la Banque de Suède.

302. Les banques d'Etat ont été l'objet de critiques spéciales à cause de leurs relations avec le trésor public. On exprime souvent la crainte que le gouvernement n'abuse des services de la banque. Cette crainte n'est certes pas puérile, et la question des rapports entre le Trésor et la banque est une des plus graves de sa constitution. Plus d'une banque a souffert de ses relations trop intimes avec le pouvoir qui lui demande des avances, impose le cours forcé etc. Rien de plus dangereux que de compromettre ainsi le crédit de la banque.

D'autre part, cependant, il faut se garder des principes trop absolus. La banque est faite pour le commerce, sans doute; mais l'Etat, qui l'a instituée, peut aussi réclamer un concours prudent pour soutenir le crédit public et pour faire le service de la caisse.

Sans entrer dans le détail de cette question organique, nous devons prémunir contre les deux excès. Il faut éviter de nuire au crédit de la banque, en abusant de ses ressources pour le budget. Il ne faut pas empêcher la banque de rendre à l'Etat des services sans dangers. Pour éviter l'influence abusive du gouvernement, on n'érige plus guère de banques d'Etat proprement dites, administrées en régie. On confère des privilèges à une société financière dont on détermine le cahier des charges.

§ 3. *Liberté ou restriction des émissions.*

303. Faut-il laisser les banques libres d'émettre autant que bon leur semble, en s'en rapportant à leur sagesse; ou bien faut-il imposer aux émissions de sévères limites?

La question doit recevoir une solution différente selon qu'il s'agit d'une grande banque d'Etat ou de banques privées.

304. Les banques privées, qui n'ont pas de traditions connues, dont il est malaisé de suivre les opérations et de surveiller la gestion peuvent évidemment exposer le public à plus de déceptions. Les banques d'Ecosse elles-mêmes, les plus sages, celles qu'invoquent toujours les partisans de la liberté, dans un pays d'affaires calmes et stables, ont subi aussi plus d'un désastre qui donne beaucoup à réfléchir; elles ont perdu leur liberté depuis la loi du 1ᵣ mai 1845.

Mais dans un grand marché, agité, comme celui des Etats-Unis, on a fait la triste expérience de la liberté des banques. En 1863 on fit une première loi fédérale sur les banques d'émission, indiquant les conditions et les limites de leurs opérations. Elle permet à toute association de plus de 5 personnes, de se constituer en banque de circulation, à certaines conditions qui ont été développées par des lois de 1875 et 1882. Elles subordonnent l'émission et la proportionnent au versement du capital social et au dépôt d'une certaine somme en *bonds* ou en métal à la Trésorerie. Les banques privées qui fonctionnent dans divers pays, à côté de la banque d'Etat, sont soumises aussi à de sévères conditions, notamment, en Suède, à la solidarité de leurs membres. En Belgique, où, en fait, il n'existe qu'une banque d'émission aujourd'hui, il peut librement s'en constituer d'autres, mais non dans la forme anonyme.

La liberté complète d'émission des banques privées n'existe donc *en fait* dans aucun pays d'Europe; plusieurs leur permettent de se constituer à diverses conditions.

305. Il y a plusieurs pays qui ont établi le monopole d'une banque ou tout au moins établi une banque nationale privilégiée. Faut-il, pour ces grandes banques, que l'Etat limite leurs opérations et leur enlève l'initiative de leurs décisions? L'Angleterre a résolu la question d'une manière affirmative par l'*act* célèbre de 1844, qui pose une limite inflexible à la somme des émissions. La Banque de France jusqu'en 1870, jouissait au contraire de la liberté de sa gestion. La Banque de France, il faut le reconnaître, n'a jamais abusé de son autonomie. La prudence de sa gestion est proverbiale et elle s'est montrée digne de la liberté. Il y a loin, on ne peut le contester, de la liberté de gestion d'un grand établissement financier, ayant des statuts et une constitution bien connus, un passé et des traditions, à la liberté illimitée

des émissions. Ces deux thèses ne se ressemblent pas ; en Angleterre, par exemple, ceux mêmes qui sont les adversaires des sévérités légales de l'act de 1844, sont en même temps les partisans du *Bullion Report*, ses auteurs même, et les ennemis de la liberté illimitée des banques d'émission.

§. 4. *Conclusion.*

306. Auquel des divers systèmes, que nous avons énumérés et définis plus haut, faut-il donner la préférence? Quelle part faut-il accorder à l'intervention et à la surveillance du pouvoir?

Nous avons fixé dans un précédent ouvrage les principes qui président selon nous, aux attributions de l'Etat; nous ne souhaitons point le voir s'ingérer là où aucune raison suffisante ne détermine son action. Mais ce n'est point le cas ici. La sécurité des billets, qui certes ne sont pas monnaie, mais qui circulent comme tels, est une affaire du plus haut intérêt public, et en fait, presque tous les gouvernements ont cru nécessaire d'y intervenir.

De quelle façon faut-il le faire ; quelle sera la mesure et la forme de l'intervention du pouvoir? Ici encore, ce sera aux faits à répondre ; sans exagérer l'intervention, il faudra faire ce qu'exige l'intérêt public. Cet intérêt ici, n'est pas seulement comme le remarque fort bien M. Villey, celui des banques et des créanciers ; c'est celui de l'universalité de la société, par l'influence qu'exerce le billet sur tout le régime des échanges.

307. Il importe, sans pénétrer davantage dans le détail technique de la question, de mettre en lumière les points suivants qui semblent les mieux acquis :

a) La liberté illimitée de l'émission ne s'est maintenue en fait, pendant longtemps et sans danger, sur aucun marché compliqué et important. Une intervention du pouvoir en cette matière paraît nécessitée par l'expérience. Le but de toute mesure doit être de garantir la convertibilité des billets et d'éclairer la confiance publique par une publicité régulière et sérieuse.

b) Les banques centrales peuvent rendre de grands services à condition qu'elles ne soient pas à la merci des finances de l'Etat. Il faut, à cet égard, qu'elles soient constituées en sociétés privilégiées et non en régie ; le gouvernement doit d'ailleurs s'inspirer, en cela, des principes de la sagesse politique qui commandent de ne point ébranler le crédit de la banque.

c) Aucun système ne peut avoir pour effet, comme le remarque très bien M. Pirmez, de rendre disponibles les valeurs engagées dans la circulation monétaire. On ne peut s'élever trop haut au-dessus du terrain métallique, ni faire du papier-monnaie.

d) Aucun système ne sera un préservatif *absolu* contre toute crise, mais peut seulement aider à les rendre plus rares, à les tempérer, à les traverser plus aisément. Aucun système légal ne dispense non plus de la *prudence*. Il n'y a pas de mécanisme de salut automatique.

e) L'unité de circulation a d'énormes avantages mais *peut* être réalisée *dans une certaine mesure* par les divers systèmes; ainsi en Amérique, le *registrar*, fonctionnaire public délivre aux banques les *notes* officielles; en Suisse chaque banque doit faire honneur aux billets de toutes celles qui sont régulièrement approuvées, etc.

f) Aucun des systèmes proposés n'a droit à une préférence absolue pour *tous* les pays. « Une telle question, qui embrasse une foule de problèmes, non seulement économiques, mais aussi politiques et financiers, dit avec une grande sagesse M. Luigi Cossa, veut être résolue eu égard à la diversité des conditions sociales et à la variété des besoins et des traditions historiques de chaque pays. » C'est aussi la conclusion qui se dégage, croyons nous, de l'étude comparée des diverses législations sur les banques.

§ 5. *Législation comparée.*

308. Nous avons déjà, au cours des paragraphes qui précèdent, indiqué le système en vigueur dans divers pays. Il est impossible d'en faire ici un exposé détaillé; mais nous devons faire connaître, au moins sommairement, le régime des banques les plus renommées, et celui de la *Banque nationale* de la Belgique.

A. Banque nationale de Belgique.

309. La fondation de la *Banque nationale* remonte à la loi du 5 mai 1850. Avant cette date, *la Société générale pour favoriser l'industrie nationale*, et la *Banque de Belgique* se partageaient avec la *Banque de Flandre* et la *Banque liégeoise* la circulation fiduciaire qui était d'ailleurs fort peu étendue.

Les faits concernant notre régime des banques se trouvent surtout dans les documents officiels, relatifs à l'*Institution de la Banque et à l'organisation du service des caisses de l'Etat en* 1850; dans ceux relatifs à *la prorogation de cette institution décrétée par la loi du 20 mai 1872*; avec le magistral rapport de M. Pirmez; dans les rapports annuels sur les opérations de la banque, et enfin dans les *Exposés de la situation du royaume*, et les *Annuaires statistiques*.

310. La Banque, fondée en 1850, sur l'initiative du ministre Frère-Orban, est une banque commerciale d'émission. Elle est constituée sous la forme de société anonyme. Elle émet des billets qui sont reçus dans les caisses de l'Etat. Ce privilège a été renouvelé par la loi du 20 mai 1872 sous le ministère Malou. Des banques d'émission libres peuvent être établies, sauf sous la forme de sociétés par actions; pour cette dernière, il faudrait une loi spéciale qui l'autorisât. En fait, l'unité d'émission règne en Belgique.

311. La Banque est soumise dans ses opérations à certaines règles restrictives, dont il importe de signaler les plus caractéristiques.

La Banque peut émettre des billets au porteur qui sont reçus dans les caisses de l'Etat. Elle peut d'ailleurs faire toutes les opérations qui sont connues sous le nom de commerce de banque. Elle peut émettre des *accréditifs à vue*, ou mandats de virements, et contribuer à la création d'un *clearing*. Les billets sont payables à vue.

Ne seront escomptés que les effets de commerce à ordre, timbrés, ayant une cause réelle, échéant au plus tard dans les 100 jours et garantis par trois signatures solvables. Toutefois, les effets à deux signatures pourront être admis dans certains cas. Il y a, en fait, assez grande tolérance à cet égard.

Le taux de l'escompte est fixé chaque semaine. Le bénéfice résultant pour la banque de la différence entre l'intérêt de 5 % et le taux d'intérêt perçu par cette institution, est attribué à l'Etat. Le taux moyen de la Banque a été assez bas, et en 1872, il était démontré que ce taux était inférieur à celui des institutions similaires des pays voisins.

Les statuts ne prévoient pas la bonification d'un intérêt des dépôts. Les comptes courants sont gratuits.

La Banque doit avoir une encaisse égale au tiers de ses billets et de *tous* ses engagements à vue mais les valeurs étrangères sont, en fait, assimilées à l'encaisse. Exceptionnellement, celle-ci peut descendre au quart, avec l'autorisation du gouvernement; on ne l'a jamais demandée.

La Banque ne peut emprunter, faire de prêts soit sur hypothèque, soit sur dépôts d'actions ou d'obligations industrielles, faire d'industrie ni de commerce, ni acquérir d'immeubles hormis ceux nécessaires à son service.

La Banque fait gratuitement le service de caissier de l'Etat; elle fait aussi celui de la caisse d'épargne.

312. L'administration de la Banque est dirigée par un gouverneur et six directeurs qui forment le conseil d'administration. Elle est surveillée par un conseil de censeurs. Le gouverneur est nommé par le roi. Les autres fonctionnaires sont élus par les actionnaires. Les deux conseils indiqués forment le conseil général. Le conseil d'administration fixe l'escompte et l'intérêt etc. Les censeurs contrôlent, votent le budget et le bilan. Le conseil général répartit bénéfices et dividendes d'après des règles fixes. Il y a un comité d'escompte qui examine les effets. Un commissaire du gouvernement surveille les opérations.

313. La Banque a une succursale, à Anvers; et 39 agences. Dans presque toutes ces agences, on fait l'escompte, sous la garantie d'un comptoir d'escompte. Les comptoirs d'escompte, organisés par le chapitre 9 des statuts, sont formés d'associations de personnes agréées par le conseil géné-

ral. Les comptoirs escomptent pour compte de la banque, aux conditions et au taux fixés par elle, sous la garantie solidaire et illimitée de leurs administrateurs, les valeurs admissibles d'après les statuts et qu'ils jugent convenable d'accepter. Ils fournissent un cautionnement. Il leur est alloué un tantième fixé par convention. Les effets admis par eux sont endossés directement à la banque; ils doivent porter au moins deux signatures, l'aval du comptoir tenant lieu de la troisième prescrite par les statuts. Comme le remarque avec raison et autorité, le Dr Clément Juglar, d'accord, en cela, avec Wolowski, le développement remarquable qu'ont pris les opérations de la banque, tient à cette innovation spéciale... Ce mode de procéder donne la solution d'un problème qui semble presque insoluble puisque ses deux termes sont l'unité de circulation et la diffusion du crédit.

314. Nous ne pouvons ici faire l'histoire des opérations de la Banque; nous nous bornons à renvoyer le lecteur aux documents que nous avons indiqués comme source de renseignements à ce sujet. Il semble que le taux moyen de l'escompte y soit plus bas que dans les autres banques. Du moins cette moyenne était constatée en 1872 par M. Pirmez. La circulation de 31 millions en 1851, était de 336 en 1883. Les escomptes de 186 millions en 1851, étaient en 1883 de plus de deux milliards.

Nous donnons, à titre de modèle, un état de situation de la banque :

BANQUE NATIONALE.

SITUATION AU 30 SEPTEMBRE 1880.

	ACTIF.	PASSIF.
Capital	»	50,000,000 00
Encaisse métalliq. Espèces et lingots . . .	95,053,212 27	»
Portefᵉ {Effets sur la Belgique, fr. 199,138,102 02, ... Effets sur l'étranger, fr. 78,088,336 78 . . . . }	277,226,438 80	»
Effets à l'encaissem. en compte-courant . .	4,821,124 74	»
Billets de banque en circulation	»	397,672,280 00
Fonds publics	34,423,143 90	
Valeurs de la réserve	14,408,995 46	
Réserve	»	14,409,362 04
Avances, fonds publics belg. {sur annuités dues par l'État, 692,260 » sur fonds publics nationaux, 3,623,080 »}	4,315,340 »	
Comptes cour. {Trésor public . . fr. 25,922,750 69 Id. (Soc. de construction). fr. 166 19 Comptes particuliers fr. 45,020,709 89 }		70,913,626 77
Immeubles de service, matériel et mobilier .	10,519,351 71	»
Valeurs garanties ou à réaliser	4,046,254 65	
Trésor public. — Portefeuille (cours conv.) .	22,396,053 78	»
Trésor public. — Compte valeurs	»	22,396,053 78
Trésor public. — Fonds publics déposés . .	602,276,115 00	»
Trésor publ. Dépôts en numéraire et fonds publics {Numéraire, 508,351 56 Fonds publics, 602,276,115 00}	»	602,784,466 56
Dépôts volontaires	57,859,400 »	
Déposants	»	57,859,400 00
Valeurs de la Caisse générale d'épargne et de retraite	78,559,808 50	
Caisse général. d'épargne et de retraite, compte valeurs	»	78,559,808 50
Divers	»	1,280,241 16
	1,205,905,238 81	1,205,905,238 81

Le directeur f. f. de secrétaire,
L. WEBER.

Le gouverneur,
A. PIRSON.

B. Banque d'Angleterre.

315. L'organisation de la Banque d'Angleterre a donné lieu à de grands débats, surtout depuis l'act de 1844 qui lui a donné sa forme actuelle. Pour les uns c'est la loi salutaire, pour les autres la loi néfaste. Nous ne pouvons faire l'historique de cette banque, qui dut sa première autorisation, sans privilège, aux avances qu'elle fit, en 1694, aux finances obérées de Guillaume III. Son premier privilège date de 1708, mais le droit d'émettre des billets appartenait aussi aux institutions privées, à certaines conditions. Nous ne pouvons faire l'histoire de la banque. En 1819 en sortant du cours forcé, une enquête financière avait abouti au fameux *Bullion Report* dont nous avons déjà parlé, et amené des modifications dans le régime légal, mais elles n'empêchèrent point les difficultés financières. Dans les années qui suivirent, de fortes crises ayant encore sévi en Angleterre, le gouvernement les attribua aux abus de la spéculation et des *banknotes*. Il existait alors un nombre assez considérable de banques libres. C'est cette pensée qui amena le projet de sir Robert Peel, qui devint l'act 32 de Victoria, loi du 19 juillet 1844, organique du nouveau régime de la Banque.

316. Le système de l'act de 1844 est trop discuté pour que nous puissions nous dispenser de l'esquisser ici. Il est assurément le monument législatif le plus draconien qui existe en la matière,

et l'expression du *bullionisme* le plus radical qui se soit encore traduit en texte de loi.

L'idée fondamentale du systéme se trouve dans la distinction entre les opérations de la banque, (escompte etc.), et l'émission des billets. Les premières sont affaires commerciales ; la seconde touche à la circulation et revêt à ce titre un caractère public. Cette idée est caractéristique de l'act de 1844, c'est la distinction que, aujourd'hui encore, ses partisans considèrent comme essentielle.

Il existe donc, à la Banque d'Angleterre, deux départements distincts le département de la Banque, *banking department*, qui en fait les opérations commerciales ; et celui de l'émission, *issue department*, qui remet au premier les billets qu'il peut livrer au public. L'émission est strictement limitée. A chaque billet émis doit correspondre une somme équivalente en métal ; le département de l'émission fournit à la Banque des billets en échange de pareille quantité d'or déposée. On cherche donc à limiter l'émission par une sorte de mécanisme automoteur. Cependant, ce principe absolu que toute *banknote* serait représentée par son équivalent métallique, ne fut pas pleinement appliqué. Il y a exception pour une somme de 15 millions sterling, que la Banque peut émettre à découvert et qui sont garantis, dans une certaine mesure, par la dette de l'Etat. Ce chiffre peut même être augmenté par les banques existantes qui viendraient fondre leur privilège en celui de la Banque d'Angleterre. L'émission a donc une certaine élasticité. La Banque a toujours un certain nombre de billets en réserve, *notes*, pour répondre aux demandes d'escompte. Ces billets, étant représentés par de l'or, à l'autre département, forment une vraie encaisse métallique.

317. La loi de 1844 garantit la circulation des billets, mais elle n'a pas la puissance de supprimer toute crise. Il serait trop commode d'avoir ainsi un mécanisme qui préservât tout seul le pays, sans qu'il faille d'effort ni de prudence. La Banque a subi des crises en 1847, 1857, 1866. Pourquoi? On s'était figuré peut-être que la loi aurait sauvé la Banque toute seule, et qu'il ne fallait plus avoir tant de prudence commerciale. On laissa épuiser l'encaisse du département de la Banque; et la panique se fit. On avait cru, grâce à la loi, pouvoir négliger les principes de la Banque relatifs à l'encaisse, et on dut suspendre *l'act* de Peel et permettre des émissions supplémentaires. Elles ont été fort minimes et nécessitées par des fautes qui ne se renouvelleront sans doute pas, après les dures leçons de l'expérience. Même sous l'act de 1844, la Banque n'a pas le droit de négliger le souci de sa réserve et du taux de l'escompte, car elle a d'autres engagements considérables, ceux des dépôts, auxquels elle doit faire face. Il est convenu aujourd'hui qu'on élève le taux de l'escompte quand la réserve tend à descendre en dessous du tiers des comptes courants.

318. Au moment de l'act de 1844, il existait des banques libres ayant droit d'émission. On ne les en dépouilla pas ; on prit des mesures transitoires et on défendit seulement d'en créer de nouvelles. Aussi, le nombre s'en est fort réduit, bien qu'elles aient encore une vitalité sérieuse.

319. Nous donnons ici le modèle du Bilan de la Banque d'Angleterre ; il servira à vérifier ce que nous avons énoncé.

BILAN DU 28 JANVIER 1886
(forme voulue par l'*act* de 1844).

Département de l'émission.

PASSIF.	LIV. STERL.	ACTIF.		
Billets créés	36,623,550	Dette fixe de l'Etat	11,015,100	non représenté par du métal voir n° 316
		Rentes immobilisées	4,734,900	
		Or monnayé et lingots	20,873,550	
			36,623,550	

Département des opérations de banque.

PASSIF.		LIV. STERL.		ACTIF.	
	Capital social	14,553,000		Rent. disponibl. (à la banq.)	15,046,615
	Rés. et prof. et pert.	3,340,749		Portefeuille et avances	20,644,943
Compt cour^t	Trés. et adm. public	4,258,962	Encaisse	Billets en réserve	12,636,790
	Comptes particuliers	27,020,375		Or et argent monnayé	994,888
	Billets à 7 jours	150,150			
		49,323,236			49,323,236

320. La loi de 1844 a été l'objet de vives controverses ; même parmi les *bullionistes*, aujourd'hui encore, on est en grand désaccord. Les uns soutiennent la distinction essentielle entre les deux départements, disant que tout au moins, les billets, c'est-à-dire la circulation, se trouvent absolument garantis ; que la Banque d'ailleurs est libre

d'émettre contre métal, d'après les besoins du public. Les autres disent qu'une ligne de fer ne peut limiter l'émission ; qu'il faut à celle-ci une certaine *élasticité*; qu'il y a des moments où un surcroît d'émission est exigé par les circonstances, que la preuve s'en trouve dans la nécessité, trois fois renouvelée en quarante ans, de suspendre l'*act*; qu'il n'est pas nécessaire à la sécurité des billets que chaque *banknote* soit représentée par un écu, et que la limite fixée de 15 mil. st. est irrationnelle; que l'*act* est une *machine à paniques*; qu'il ne sert à rien de protéger les billets si la Banque et le marché sont menacés ; que les paniques causés par la *limite* font plus de mal en une semaine de trouble que toute la loi ne peut faire de bien en dix ans; enfin qu'une loi qu'il faut suspendre en cas de crise, se condamne elle-même.

Les partisans de l'*act* répondent que la loi n'a pas la prétention de tout sauver par son seul mécanisme; qu'elle protège les billets, ce qui est beaucoup, mais qu'il faut toujours de la prudence à la Banque pour éviter les crises de banque ou de commerce; que le danger ne vient pas de la loi, mais existait avant la loi; que celle-ci ne fait qu'indiquer la limite et qu'il faut éviter la nécessité d'y atteindre en élevant à temps le taux de l'escompte, si bien que la suspension de l'*act* a toujours coïncidé avec une hausse obligatoire de l'escompte à des taux très élevés; qu'enfin on ne prétend pas que tous les pays doivent adopter ce mécanisme rigide mais qu'il semblait nécessaire à l'Angleterre après les crises qu'elle a subies.

En somme, le débat reste ouvert, bien que la rigidité de l'*act* paraisse extrême, et qu'il n'y ait pas lieu d'en appliquer le principe à d'autres pays, qui n'ont pas besoin de cette sévérité. Tout au plus, peut-il satisfaire les ennemis de la circulation fiduciaire qu'il restreint notablement. En tout cas il importe de remarquer de nouveau que la loi ne dispense pas la Banque de la prudence commerciale ; qu'au contraire, elle lui impose cette prudence, lui en assigne le moment, en limitant ses ressources, et qu'en manquant à cette prudence, la Banque viole l'esprit même de la loi en provoquant sa suspension.

C'est cette interprétation légale de la prudence obligatoire qui est le grand défaut de l'act de 1844, c'est le manque d'*élasticité* qu'on a signalé avec raison. Le mal qui en résulte est-il plus grand que le bien? C'est là qu'est le nœud de la question qui ne peut se trancher que par l'examen des traditions financières et des nécessités de chaque pays. On a dit, qu'en Angleterre, au témoignage de l'histoire, la sagesse seule des directeurs, sans l'appui de la loi, ne parvenait pas à maintenir la sécurité, et c'est ce qui fait le maintien de la loi de 1844.

C. Banque de France.

321. Il est encore une fois impossible ici de faire l'historique de la Banque, et des institutions

financières de la France. Ce n'est d'ailleurs pas le lieu de la faire et nous renvoyons aux savants travaux de M. A. Courtois fils sur *l'histoire des banques en France*, du D^r Cl. Juglar, dans le *Dictionnaire des Finances* publié par M. Léon Say etc.; et enfin aux dépositions de la grande *enquête sur les principes et les faits généraux qui régissent la circulation monétaire et fiduciaire* ouverte en 1864 par le gouvernement français.

Nous ne pouvons ici qu'indiquer le caractère financier général de son organisation.

322. Après les secousses de la tourmente révolutionnaire, la Banque fut constituée, sous l'inspiration du premier consul, par une loi du 24 pluviôse an VIII (13 février 1800); elle n'obtint que par la loi du 24 germinal an XI (14 avril 1803), le privilège exclusif d'émission des billets. Mais ce que nous avons à déterminer, c'est le caractère légal de sa constitution, qui est la consécration du *banking principle*, dont nous avons parlé.

Fixant les opérations de la Banque, les Statuts de 1800, disent qu'elles consistent..... « 4° à émettre des billets payables au porteur et à vue, et des billets à ordre payables à un certain nombre de jours de vue. Ces billets seront émis dans des proportions telles qu'au moyen du numéraire réservé dans les caisses de la Banque, et des échéances du papier et de son portefeuille, elle ne puisse dans aucun temps, être exposée à différer le payement de ses engagements, au moment où ils lui seront représentés. »

Les lois suivantes ont confirmé ce système. Le législateur n'intervient ni pour la création, ni pour l'émission des billets. C'est le fait de la Banque, sous le pouvoir spécial du conseil de régence, sous l'approbation des censeurs.

Ce contrat primitif de la Banque est susceptible d'une exception au cas de cours forcé donné à ses billets. Alors la loi limite le chiffre de l'émission. C'est ce qui s'est fait de 1848 à 1850, renouvelé en 1870. Mais depuis cette date, malgré que le cours forcé ait été supprimé en 1877, la loi maintient une limitation légale au chiffre des billets. Cette mesure exceptionnelle, qui ne trouvait son origine que dans le cours forcé, lui a survécu, et lui survit encore, bien que la prudence de la Banque ne paraisse pas justifier cette rigueur, et malgré les protestations d'hommes compétents, tels que MM. Léon Say et Denormandie. On a déclaré qu'on craignait que le public ne vît dans la liberté de la Banque un encouragement aux abus, et on s'est borné à reculer la limite.

Quoi qu'il en soit, le régime antérieur à 1870 semble être le vrai régime de la Banque de France qui lui donne sa physionomie spéciale dans l'histoire financière.

E. Banques des Etats-Unis et de la Suisse.

323. Nous ne dirons un mot de ces banques que pour faire comprendre la spécialité de ce régime légal : la pluralité surveillée.

Aux Etats-Unis, les banques sont obligées de remettre aux *registrar* une garantie en *bonds* publics. Cette condition remplie, l'émission est encore limitée par le montant du capital versé. Le contrôleur leur délivre des billets réguliers.

Ces mesures prises d'abord en 1863 ont été plusieurs fois complétées, notamment en 1882.

324. En Suisse, la loi fédérale du 8 mars 1881 règle les émissions. L'autorisation d'émettre des billets est donnée par le conseil fédéral aux établissements réunissant diverses conditions, notamment : avoir un capital de cinq cent mille francs au moins, rendre compte public des opérations, accepter les billets des autres, payer les leurs au pair dans les deux jours et celui des autres dans les trois jours. Les banques se surveillent mutuellement et font des conventions qui doivent être approuvées. Une banque peut être dispensée d'accepter les billets d'une autre. Des mesures spéciales et sévères règlent les opérations, l'encaisse, etc.

CHAPITRE VII. — Crédits spéciaux.

§ 1. *Crédit réel mobilier. Warrants.*

325. Il se fait une foule de contrats où le crédit repose, outre l'engagement personnel de l'emprunteur, sur la garantie spéciale d'une chose appartenant à ce dernier. *Plus cautionis in re*

quam in persona. Longtemps il n'y eut d'autre moyen de se procurer ce crédit que le transfert de la propriété même de la chose, qui était rendue à l'emprunteur, après remboursement. C'était la *fiducia* romaine. Puis on se borna à la dépossession, ce fut le *pignus* ou gage proprement dit avec nantissement. Les inconvénients de la dépossession elle-même sont sérieux. Aussi finit-on par créer un droit réel sans nantissement sur la chose engagée. Ce fut l'hypothèque empruntée aux Grecs. Les Romains admettaient même l'hypothèque mobilière, mais elle semble peu usitée. Actuellement elle n'existe plus que pour les immeubles, et nous en reparlerons au paragraphe suivant. Le droit français et belge n'admet pas le gage sans nantissement ou hypothèque mobilière. Il n'existe sur les meubles que des privilèges ou créances favorisées par la loi ; cependant la loi belge de 1884 sur le crédit agricole, crée au profit du prêteur agricole un privilège conventionnel sur les meubles, qui ressemble fort à un gage sans nantissement. D'ailleurs ce gage existe, dans certains pays, et on a déjà proposé en France de l'organiser.

Nous allons indiquer ici, d'une manière générale, tout le crédit spécial aux effets mobiliers, sous forme de gage ou autre, sans entrer dans le détail du régime sur le gage civil ou commercial qui occupe beaucoup les jurisconsultes.

Le prêt sur gage mobilier revêt différentes

formes, qu'il est impossible d'approfondir toutes ici. Les principales sont les avances sur titres ou lingots, pratiquées par les banques; le prêt sur gage opéré par les monts de piété et que nous examinerons à propos du crédit populaire ; les valeurs en marchandises, surtout celles connues sous le nom de *warrant*; enfin les très nombreuses constitutions de gage usitées relativement aux divers titres ou valeurs entre commerçants et dont s'occupent les jurisconsultes.

326. La valeur connue sous le nom de *warrant* se rattache à une institution, d'origine anglaise, mais qui a pris une grande extension; ce sont les *docks* et, en France, les *magasins généraux*. Ce sont des sortes d'entrepôts où on peut déposer toutes sortes de marchandises, et qui présentent de grands avantages, en épargnant aux négociants les ennuis du magasinage. Ces institutions ont facilité aussi la vente des marchandises et la circulation de leur valeur. Le déposant reçoit un *récépissé*, auquel est adjoint sous le nom de *warrant* un bulletin de gage. Les deux pièces sont transmissibles par endossement. Le *warrant* équivaut à un gage, car les marchandises ne pourront être retirées que sur présentation de la pièce complète. Le récépissé transfère la propriété des marchandises elles-mêmes. En Angleterre, le *warrant* est de même un titre de gage, le bulletin de pesage au *wright-note* sert de titre de propriété. La loi belge du 18 novembre 1862, modi-

fiant et améliorant celle de 1848, organisé aussi le warrant délivré obligatoirement en double. Le double, qui porte le nom de cédule, transfère la propriété ; le warrant sert de gage.

327. Ces diverses législations, on le voit, ont admis le principe du *doublement* du titre, condition essentielle de son utilité. Sans cette mesure, le déposant se trouvait dans un vrai cercle vicieux : pour recourir au crédit, il devait céder son titre, et pour le dégager, il devait vendre. Or, pour vendre, son titre lui était nécessaire, ce qui le mettait dans la double nécessité contradictoire, comme le remarque M. Deridder, « de vendre pour payer et de payer avant la vente ».

328. L'escompte des warrants par les banques doit contribuer à leur utilité pratique. En France, permis, depuis 1848, à la Banque de France, l'escompte se généralisa dans les banques. En Belgique, la Banque Nationale a longtemps refusé leur escompte. Ce n'est qu'à partir de 1886 qu'elle accepte les warrants sous certaines conditions.

329. Le crédit de marchandises n'implique pas nécessairement le gage. La coutume, en divers pays, et notamment en France, a naturalisé et étendu des sortes de lettres de change et de billets en marchandise, en partie régularisés par la loi. Nous voulons parler de la circulation des *factures*, des *connaissements*, des *lettres de voiture* et en général des *ordres de livraison*. Nous ne pouvons entrer ici dans la controverse juridique qui les

concerne, nous bornant, pour être complet, à signaler leur importance pratique. M. Touzaud, dans son mémoire sur les *Effets de commerce*, leur a consacré une étude spéciale.

§ 2. *Crédit hypothécaire et foncier.*

1. Nature de ce crédit.

330. Le *crédit de la terre* peut s'entendre dans divers sens; ou bien il s'agit de faire circuler la propriété du sol, comme celle des choses fongibles et mobilières; ou bien il s'agit seulement de procurer au sol les ressources nécessaires et le moyen de faire du crédit un usage utile et fécond.

331. Nous avons déjà ailleurs exprimé notre pensée au sujet de la circulation. Autant elle est avantageuse pour le commerce, les choses fongibles, la monnaie; autant elle nous paraît dangereuse quand elle atteint le patrimoine, et menace toutes les situations d'une décomposition et d'une liquidation funeste. Le crédit de la terre doit être organisé avec prudence et sagesse; il faut éviter d'entraîner la terre dans le mouvement d'une perpétuelle circulation, qui est funeste à ses intérêts, sans lui refuser cependant la participation aux ressources utiles du crédit, c'est à dire que sans vouloir revenir à la conservation forcée, nous ne sommes pas partisans du système qui tend à accélérer le mouvement des terres, et à faciliter, outre mesure, les expropriations immo-

bilières et les exécutions hypothécaires. Le régime commercial n'est pas fait pour la propriété rurale. Cependant, si cela est complètement vrai de celle-ci, il en est un peu autrement des propriétés urbaines et bâties.

Le crédit n'est pas tout ; son bienfait dépend de l'usage qu'on en fait, et nous avons vu que, même en matière mobilière, on peut en abuser.

332. Le crédit de la terre peut être organisé de diverses façons. Il faut distinguer le crédit fait *à la terre*, ou le crédit *sur la terre*. La terre, la propriété foncière, peut être donnée en garantie pour toute sorte de crédit, crédit industriel, parfois même commercial, etc. ; le crédit peut aussi avoir pour objet spécial et direct l'exploitation, la mise en valeur, l'amélioration du sol, l'aggrandissement de son capital fixe. Dans les deux cas la terre sert de gage ; dans le second cas seulement elle est le but du crédit. Le crédit fait *à* la la terre, à la propriété foncière, voilà ce qui s'appelle spécialement le *crédit foncier*.

333. Le crédit fait à la terre, présente un caractère particulier. En effet, le revenu foncier est toujours inférieur au revenu du capital mobilier. Il faut donc tenir compte de cette différence. Aussi les emprunts faits pour l'acquisition ou l'amélioration du sol sont-ils particulièrement difficiles à cause de cette nécessité du bas intérêt. D'autre part, trop souvent des propriétaires imprévoyants s'exposent aux plus tristes mécomptes en empruntant à des

taux qu'ils ne retrouvent pas, et se mettant ainsi dans l'état de pertes continuelles.

2. Organisation et caractères spéciaux.

334. La propriété foncière est la source d'un crédit important. C'est une garantie considérable ; d'autant plus qu'elle est palpable. Les législations les plus anciennes ont cherché à assurer cette ressource importante. Le *crédit de la terre* est fort ancien. Il s'est présenté de bonne heure sous la forme d'un droit spécial accordé au prêteur sur la terre qui lui sert de garantie. Ce droit spécial est l'*hypothèque* qui, inconnue au droit primitif des Romains, fut emprunté par eux à la législation grecque. Ce droit affecte une terre à la garantie immédiate d'un créancier, et lui permet de se payer sur cette terre, de préférence aux autres créanciers. Le *crédit de la terre* a été fort perfectionné par les législations modernes. Nous allons examiner les points principaux.

a) *Publicité des droits réels.*

335. Pour atteindre sa pleine sécurité, on a organisé d'abord la publicité des droits réels ; puis, avec un soin particulier, les détails du régime hypothécaire. Ces deux points sont intimement unis, et ils sont réglés ensemble dans la loi hypothécaire belge du 16 décembre 1851. Outre la publicité générale des droits réels, elle consacre

celle des hypothèques ; elle organise ensuite le principe important de la spécialité des hypothèques ; en vertu duquel un bien déterminé ne peut être affecté qu'à une créance bien connue. Le bien et la créance doivent être spécifiés. La situation exacte de chaque propriété est ainsi officiellement et clairement fixée. La publicité de tous ces renseignements est garantie par la loi. Ces mesures de publicité et de spécialité sont considérées, à bon droit comme des conditions importantes du crédit de la terre.

336. Les diverses législations ont organisé ces principes de façons fort différentes. On peut distinguer à cet égard deux systèmes principaux. Celui des pays germaniques, qui consiste à faire le relevé juridique, l'état civil exact de toute la propriété foncière, par des *livres terriers*, qui, mis d'accord avec le cadastre, expriment parfaitement l'état de chaque parcelle. C'est le système de l'Allemagne, de l'Autriche, etc.

Le second système consiste à ne mentionner que les *actes* translatifs ou constitutifs des droits ; c'est le système du code civil français ; c'est aussi le système belge, bien qu'il soit fort supérieur, par son organisation, à celui du code.

Il est incontestable que le régime germanique est infiniment plus complet, mais dans ce régime, les livres de propriété ont une portée considérable, car, dans plusieurs régions d'Allemagne et d'Autriche la foi légale est donnée au registre terrier, et ses renseignements ne peuvent être contestés. Ce principe qui est celui de la loi prussienne de 1872, a été l'objet de diverses critiques qui sortent absolument de notre cadre.

b) *Exécution des droits réels.*

337. La loi foncière a organisé la publicité de la propriété presque impraticable dans l'ordre commercial; mais d'autre part, les moyens d'exécution y sont infiniment plus compliqués et moins rapides. L'expropriation immobilière a bien d'autres formalités que la faillite. Certains auteurs ont songé à étendre les principes commerciaux et à organiser une sorte de faillite civile, de *déconfiture* pour les non-commerçants. Mais dans l'ordre civil, cette rapidité d'exécution serait plutôt dangereuse; le crédit y est d'une nature particulière, plus calme. Les immeubles faisant partie du patrimoine d'un failli, sont englobés dans la masse; mais en dehors du mouvement financier, les situations ne peuvent se dénouer si brusquement. Ce serait éminemment funeste à la stabilité des patrimoines et à la bonne exploitation du sol. Le crédit de la terre est plus sûr, mais plus lourd. Divers pays ont cru devoir déclarer insaisissable certaine étendue du domaine rural et favoriser également sa perpétuité. C'est le cas du *Homestead* aux Etats-Unis; c'est l'esprit de la nouvelle législation prussienne sur les *Rentengüter* dont la loi du 7 avril 1886 consacre l'application. C'est une me-

sure grave, mais il importe de ne pas jeter la propriété foncière dans le mouvement perpétuel des liquidations commerciales, qui la désorganisent et la déprécient.

c) *Transfert des droits réels et mobilisation du crédit.*

338. Dans le but d'étendre le crédit de la terre, on a demandé de faciliter le transfert de la propriété foncière, entouré, dans bien des législations, d'une foule de formalités. Les formalités sont une gêne sans doute, et il est utile de les simplifier quand c'est possible. Mais on ne peut oublier que bien des formalités constituent en même temps des garanties du droit des tiers. On peut réduire sans doute ; mais on ne peut tout réduire sans danger.

Dans toute réforme de ce genre, il faut concilier la sécurité de la possession et de tous les droits, avec la facilité convenable des transferts et leur bon marché fiscal.

339. Un système qui n'est qu'une extension du système germanique des livres terriers, a été dès 1855 appliqué dans les colonies anglaises d'Australie. C'est le système de sir Robert Torrens sur la *Registration of title*. Le titre de propriété enregistré fait preuve absolue. Le double remis au propriétaire circule par voie d'endos, mais moyennant enregistrement. Le transfert s'opère ainsi très aisément. Ce régime qui s'est fort étendu en Australie et en Amérique, a été adopté également

par les colonies françaises en Afrique. C'est, aux colonies, un excellent moyen de fixer la possession. Divers économistes voudraient l'étendre pour faciliter le crédit. Les transferts seraient facilités, et on pourrait même, selon eux, emprunter sur dépôt en banque du *double* indispensable aux transferts. On arriverait ainsi à la mobilisation du crédit.

340. Les sociétés de crédit foncier dont nous parlerons bientôt ont émis des obligations, sortes de lettres de gage, qui peuvent être négociées et permettent de rentrer dans les avances qu'on a faites. La société emprunte aux particuliers, et prête elle-même sur hypothèque. De cette façon le prêt, tout en étant à long terme vis-à-vis de l'emprunteur, ne l'est pas vis-à-vis du prêteur-obligataire, qui peut, quand il le veut, négocier son titre.

341. On a encore cherché une autre manière de mobiliser le crédit foncier, en permettant la transmission de la cédule hypothécaire. Il existe diverses façons de la réaliser que MM. Gide et Challamel ont expliquées en France. Tels sont notamment les bons fonciers dont la loi prussienne du 5 mai 1872 prévoit la circulation et les *Handfesten* de la ville libre de Brême. La loi française du 9 messidor an III créait un système analogue et permettait à un propriétaire de prendre en quelque sorte hypothèque sur lui-même.

342. M. Cauwès, en indiquant ces combinai-

sons fait des remarques fort sages : la première, qu'il ne faut jamais compromettre les droits des tiers, puis qu'il ne faut trop tenter le propriétaire de s'hypothéquer, en le rendant trop facile; enfin que le problème à résoudre est de féconder le sol et non d'engendrer un stérile mouvement de rotation. Tout cela serait plus nuisible qu'utile à l'agriculture. Il faut remarquer d'ailleurs que l'expérience n'y est guère favorable en Prusse, que l'exemple de Brême ne prouve rien au point de vue agricole, et que la loi de messidor ne fut jamais appliquée.

d) *Amortissement.*

343. Le crédit hypothécaire est ordinairement à long terme et destiné à des opérations qui ne peuvent se liquider du jour au lendemain. Pour parer à cet inconvénient on a trouvé divers moyens. On a cherché une combinaison spéciale de remboursement, par annuités, qui s'appelle l'amortissement. Très souvent les crédits hypothécaires prévoient le remboursement périodique de manière à éteindre la dette au bout d'une période calculée. Les emprunts peuvent ainsi se rembourser par amortissement graduel. Beaucoup d'institutions ont adopté le terme d'une trentaine d'années.

3. Institutions de crédit foncier.

344. Le crédit hypothécaire, par suite des caractères que nous avons indiqués, semble incom-

patible avec le rôle des banques commerciales et surtout des banques d'émission. Ces placements sont très sûrs, mais ils engagent les capitaux pour un terme très long, et la prudence empêche ces banques d'y mettre de gros capitaux. La garantie du sol se donne plus souvent pour des capitaux de placement que pour des capitaux de circulation, tels que ceux des banques commerciales. Le placement hypothécaire est interdit à diverses institutions de banque, notamment à la Banque Nationale de Belgique. Cependant en divers pays les banques commerciales font aussi des prêts hypothécaires, mais en ont ressenti souvent de grands inconvénients ; beaucoup, nous l'avons déjà dit, dépend ici de la clientèle des banques.

345. Outre le crédit privé, le crédit hypothécaire est pratiqué souvent par des institutions financières spéciales. Il y a aussi quelques banques commerciales qui en font: les banques privées d'ailleurs recourent fréquemment à l'hypothèque comme garantie d'un crédit en compte courant; la loi prévoit formellement cette opération (art. 80); l'usage à en faire dépend de la prudence des banques. La loi autorise aussi la lettre de change hypothécaire, mais son usage est des plus rares en Belgique. Quelques établissements à capitaux de tout repos, font également du crédit hypothécaire proprement dit, et à long terme; telle est par exemple la *caisse d'épargne de l'Etat*.

346. Nous avons dit que le régime des propriétés urbaines et bâties présentent à cet égard des caractères spéciaux, plus spécialement commerciaux. Diverses sociétés immobilières et sociétés de construction ont été autorisées à revêtir la forme commerciale, mais là aussi il y a eu parfois de grands mécomptes.

347. Certains gouvernements ont voulu faciliter le *crédit foncier*, en créant des établissements spéciaux. C'est le cas de la France qui en a érigé un par décret du 28 février 1852. En France, les non commerçants n'obtiennent pas, en banque, d'avance hypothécaire; le décret crût bien faire d'ouvrir la carrière à des expériences de crédit foncier, légalement séparées du crédit commercial. En vertu de ce décret, il pouvait se créer des sociétés prêtant sur hypothèque par amortissement, et émettant des lettres de gage, négociables. Il était établi en leur faveur une sorte de droit civil spécial et de grandes facilités d'exécution. Les sociétés qui se formèrent furent peu à peu absorbées; et aboutirent au monopole du *crédit foncier de France*. Celui-ci fut réorganisé en 1859. Les opérations du crédit foncier semblaient destinées à l'amélioration de la propriété rurale ; mais le but a été peu réalisé et les prêts ont été faits surtout à la grande propriété riche et à la propriété urbaine.

348. En Belgique, le prêt hypothécaire a été interdit à la Banque Nationale d'émission. Le

crédit hypothécaire est fait par des institutions spéciales que nous avons indiquées.

En 1850, le gouvernement voulut instituer une *caisse de crédit foncier*, mais ce projet dut être retiré devant l'opposition du sénat.

349. Le crédit foncier existe depuis longtemps en Allemagne sous les formes les plus diverses. Schäffle, Roscher et divers économistes allemands en ont analysé les variétés. Les premières institutions de crédit foncier ont été établies par Frédéric II, de Prusse, pour la noblesse, après les ruines de la guerre de sept ans. Elles constituaient, en union de crédit, tous les propriétaires d'une province, garants solidaires des prêts faits à leurs membres. Ces unions aristocratiques, privilégiées et coopératives (*ritterschaftliche creditvereine*) ont été remplacées par d'autres, bourgeoises, où le principe de solidarité subsistait, mais qu'on pouvait quitter à volonté, ce sont les *neue creditvereine*. Enfin, il y en eut qui furent organisées sous formes de banques hypothécaires par actions, *hypothekenbanken*.

La banque de l'empire peut faire des avances sur les *Pfandbriefe*, lettres de gage, pour trois mois et pour les 3/4 de leur valeur.

Une loi prussienne du 13 mai 1879 organisa la création de banques agricoles communales et provinciales où l'hypothèque joue un grand rôle.

350. Certains pays ont organisé une sorte de *crédit foncier* spécial pour provoquer des amélio-

rations agricoles. C'est ce qu'a fait l'Angleterre, par exemple, pour favoriser le drainage, en prenant d'ailleurs de grandes précautions. La Russie a fait une grande opération de crédit foncier d'une nature toute spéciale, en avançant aux paysans, en 1861, les fonds nécessaires pour le rachat et l'émancipation de leurs terres. Le gouvernement a agi à la façon d'une banque de crédit foncier ; cette dette des paysans était amortissable. C'est là une opération d'une nature toute spéciale, et qui n'a pas été financièrement avantageuse, car finalement le gouvernement a dû libérer les paysans des arrérages de leur dette.

§ 3. *Crédit agricole.*

351. Le *crédit agricole* ou *rural* est souvent confondu avec le crédit foncier. Il en diffère cependant beaucoup : le crédit foncier est le crédit *à la terre*, le crédit agricole est le crédit à l'exploitation. Le premier concerne le capital fixe du sol ; le second le capital d'entreprise, le fonds de roulement. Certes, les propriétaires cultivateurs peuvent se procurer des avances au moyen de l'hypothèque ; mais quand on parle spécialement de crédit rural, c'est le crédit mobilier de l'agriculture qu'on a surtout en vue. Cette question a donné lieu à de nombreux projets d'organisation, et il importe de préciser son état. C'est important dans tous les pays ; ce l'est surtout dans les pays où il faut soustraire le cultivateur à la misère de l'usure.

352. Dans quelle mesure faut-il encourager le crédit rural ? Il faut permettre au cultivateur de participer aux avantages de la mobilisation des capitaux, mais non pas l'habituer à emprunter. Qu'il puisse faire escompter son papier, jouir des avantages des comptes courants, soit ; mais qu'il ne s'endette pas. Le vieux dicton *paysan endetté, paysan ruiné*, est souvent vrai, et il ne faudrait pas encourager des emprunts. L'expérience prouve qu'ils sont presque toujours désastreux. Le but du crédit agricole n'est donc que l'escompte du papier agricole, et très accessoirement, les avances à l'exploitation.

353. Le crédit rural est-il un crédit spécial ?

En principe, sans doute, il n'y a pas de crédit agricole, il n'y a que le crédit. Mais il présente cependant certains traits particuliers.

D'abord les paysans connaissent peu le mécanisme du crédit et des papiers, et il est difficile de leur faire payer à échéance ; de plus, cette échéance peut être gênante pour leurs affaires qui ne comportent pas la rapidité du roulement commercial ; enfin l'exécution du fermier entraîne de grandes difficultés et de graves inconvénients. Il en résulte que les banques commerciales n'acceptent pas volontiers le papier agricole ; elles s'en défient dans beaucoup de pays, notamment en Belgique. Il n'en est pas de même dans tous les pays, mais c'est le cas, dans le nôtre, et on ne peut absolument blâmer la Banque de cette prudence. Les papiers agricoles risquent de devoir être renouvelés et d'avoir une échéance irrégulière, et la régularité des paiements est la condition de la vie des banques.

354. Le crédit agricole, en réalité, n'est pas cependant inexistant; mais il est principalement un crédit privé, accordé par des particuliers, sans l'intermédiaire d'aucune institution. C'est ainsi que, chez nous, les propriétaires font crédit à leurs fermiers : ils sont protégés dans ce crédit par le privilège du bailleur, stipulé dans la loi hypothécaire (art. 20). Le marchand d'engrais est dans une situation semblable mais ce crédit n'est pas sans inconvénients ; en cas de besoin le notaire fait aussi discrètement les avances nécessaires. Dans d'autres pays, malheureusement, notamment en Allemagne, les juifs ont exploité le paysan et lui ont appris à s'endetter. Ce qu'il y aurait de plus utile en Belgique, serait de faciliter l'escompte du papier agricole. En France on a finalement conclu qu'il ne fallait rien faire d'officiel. Ailleurs il importait de remplacer par des institutions nouvelles la funeste action des juifs et, en Allemagne, la liberté y a suppléé. Pour escompter le papier agricole, comme pour faire, s'il le faut, quelques avances au cultivateur, on ne peut aisément recourir aux banques commerciales pour les raisons que nous avons indiquées plus haut. Il faut donc alors un intermédiaire spécial entre le capital et l'agriculture; mais comment le constituer ?

Parmi les systèmes qui ont été préconisés, il y en a deux principaux :

355. *a) Institution officielle de crédit agricole.* En France on a, en 1860, créé un *crédit agricole* dépendant du *crédit foncier*, qui n'a eu aucune influence. En Belgique on a organisé un système assez compliqué de *crédit aux agriculteurs* par la loi du 15 avril 1884; on charge de ce rôle spécial la *caisse d'épargne* dont les fonds sont paisibles et qui fait cependant diverses opérations de banque; ces opérations seraient faites à l'intervention de comptoirs agricoles, organisés sur le modèle des comptoirs d'escompte de la Banque. La loi organise en faveur du prêteur un privilège agricole spécial au profit de la caisse ou des particuliers. Les comptoirs font l'avance et l'escompte, etc.

Cette loi, d'ailleurs très discutée, est restée jusqu'ici comme lettre morte; il n'y a encore que deux comptoirs qui fonctionnent avec quelque activité (Thuin, Genappe).

356. *b) Les unions de crédit* se sont constituées à cette même fin dans divers pays, ne faisant d'opérations qu'entre leurs membres, comme les premières unions de crédit foncier. Il y en a où toutes les classes de la campagne sont représentées, d'autres qui sont plus spécialement de crédit populaire, sous diverses formes que nous indiquerons à ce dernier propos.

En Allemagne, ces unions rurales ont fort bien

réussi. Elles ne se bornent d'ailleurs pas aux opérations de crédit, mais constituent en même temps de vrais syndicats ruraux, s'occupant de tous les intérêts des campagnes. Tels sont le *Westphalisches Bauern Verein* fondé par le baron de Schorlemer Alst, et le *Reinisches Bauern Verein* fondé par le baron de Loë.

Le crédit populaire mutuel a été également appliqué à l'agriculture en Allemagne d'après un autre système, dit système Raiffeisen, du nom de son fondateur : *Raiffeisen landlichen Darlehen-Kassenvereine* qui datent de 1866.

En Italie, en Hongrie, les paysans usent aussi avec succès du crédit mutuel populaire. En Belgique, on a proposé d'imiter ces institutions, mais jusqu'ici aucun fait ne peut être signalé dans ce sens.

357. Toutes ces institutions sont spéciales au crédit rural et ne font pas d'opérations de banque commerciale. Quelques économistes ont voulu cependant attribuer le crédit rural aux banques ordinaires. Ils citent avec prédilection l'exemple des banques d'Ecosse, mais il ne semble pas qu'on puisse avec succès acclimater ailleurs un régime qui ne fonctionne que grâce à des circonstances locales, et encore non sans mécomptes.

358. Il existe, dans la législation italienne, une institution particulière qui se rattache au crédit agricole et dont plusieurs ont préconisé l'extension, ce sont les *ordres en denrées (ordini in der-*

rate). Ce sont des titres de crédit appliqués aux fruits de la terre, ayant un caractère analogue aux valeurs en argent et aux ordres de livraison des marchandises. On y voit un moyen de mobiliser l'énorme capital représenté par les récoltes. C'est la pensée de M. Erc. Vidari, le célèbre commentateur du code de commerce italien et de divers autres. C'est à coup sûr une institution qui mérite la sérieuse attention des économistes.

359. Nous voulons faire remarquer que l'œuvre du crédit agricole rentre dans la mission de patronage des propriétaires, telle que nous l'avons définie ailleurs. A eux d'en prendre l'initiative. C'est ce qu'ils ont compris en Allemagne et ce rôle leur est fructueux. C'est une pensée toute naturelle et qu'on ferait bien de ne point négliger Ils ne doivent pas laisser remplacer leur influence par celle de capitalistes urbains. Leur rôle n'est pas davantage d'enrayer les progrès matériels, mais de se mettre à leur tête.

§ 4. *Le crédit populaire.*

360. Les institutions de crédit dont il a été question jusqu'ici ne peuvent guère servir qu'aux riches, ou du moins à ceux qui présentent une *surface commerciale* suffisante. Or, le crédit n'est pas moins utile pour une foule d'autres. Les petits auraient aussi grand avantage à pouvoir dégager leurs modestes capitaux et recourir aux multiples combinaisons du crédit. Il ne s'agit pas du tout de

favoriser les dettes, les emprunts de consommation, mais de fournir à tous le moyen de se procurer les avances momentanées nécessaires, dans un but que la prudence approuve. Les établissements de crédit populaire ne doivent pas être des bureaux de prêt à des gens besogneux et incapables, mais de vrais établissements de crédit prêtant au travail pour le rendre plus fructueux. Le crédit populaire existait au moyen âge sous une forme spéciale, assez dégénérée aujourd'hui : les *monts de piété*. Il se reconstitue aujourd'hui grâce à la *mutualité*.

1. Les monts de piété.

361. Les monts de piété datent du moyen âge. Le peuple, surtout celui des campagnes, était en proie à la misère des usures juives. L'idée vint de consacrer à son soulagement des sommes, fruit de la charité publique, et qui seraient avancées sur bon gage et à très faible indemnité. Plusieurs projets de ce genre se produisirent au xive siècle. Nous avons étudié ailleurs celui mis au jour en 1389 par Philippe de Maisières en France. Au commencement du xve siècle l'institution prit corps et se développa en Italie. Les frères mineurs en furent les propagateurs, principalement en la personne des Frères Barnabé de Terni et Bernardin de Feltri. Le premier essai date de 1462. Après avoir essayé de faire du prêt tout à fait gratuit, ils durent imposer aux emprunteurs une indemnité pour les frais d'administration.

Après des luttes que nous ne pouvons analyser ici, les Papes approuvèrent et encouragèrent l'institution, et Léon X en particulier le fit solennellement, ainsi que le concile de Latran. Ce n'est guère qu'après cette époque que les monts se répandirent dans les autres pays.

Quelques-uns des monts de piété reçurent de fortes dotations et purent prêter gratuitement ; tel fut le *Banco de Napoli* fondé en 1539 par le jésuite Salmeron, la même année que le mont de Rome. Mais cela n'était pas possible partout, nous l'avons dit, et parfois les frais étaient considérables. Aussi la plupart percevaient une indemnité.

362. En Belgique, il n'y eut que des tentatives et des institutions isolées et seulement trois monts prêtant tout gratuitement, avant le xviie siècle, époque où W. Cobergher organisa les monts flamands, d'accord avec les archiducs Albert et Isabelle, bien digne de s'associer à cette œuvre de restauration sociale.

Nous ne pouvons nous étendre sur les détails historiques, malgré leur haut intérêt. M. Pierre de Decker a publié, en 1844, de savantes *Etudes historiques et critiques sur les monts de piété*. On retrouverait d'ailleurs des détails chez les historiens, surtout italiens, de l'économie du moyen âge.

363. L'essence du mont de piété est le prêt sur gage. La nécessité du gage est déjà un incon-

vénient, mais tel qu'il fut, il rendit de très grands services. Cette institution, féconde et bienfaisante à l'origine, a dégénéré. Elle est aujourd'hui l'objet de fortes critiques.

On reproche aux monts de piété le taux élevé de leur intérêt qui monte parfois à 15 p. c., le défaut de discernement de leur action qui favorise l'oisiveté aussi bien que le travail, l'inconvénient du nantissement d'objets domestiques, le trafic des reconnaissances; enfin les inconvénients attachés à tout ce qui touche à l'assistance publique, etc.

Il est incontestable que cette institution, telle qu'elle existe, ne rend que des services souvent onéreux et assez limités et qu'elle est loin de répondre à la perfection du crédit populaire. Il est évident aussi que les anciennes caisses qui avaient de larges dotations opéraient un meilleur résultat, surtout à l'origine avant que les abus ne s'y fussent introduits. Mais on aurait tort de trop blâmer cette institution qui peut rendre encore de sérieux services.

Certains projets ont voulu étendre le rôle des monts de piété à une sorte de banque de nantissement ou même de magasins généraux; mais ce plan n'a point été réalisé.

364. En Belgique, les monts de piété sont, en principe, comme tout le régime de la bienfaisance, d'administration communale, mais sous la surveillance du pouvoir central. La loi organique est actuellement celle du 30 avril 1848.

365. Les œuvres de prêt gratuit n'ont jamais cessé d'exister à côté des *monts* payants et on en cite plus d'un exemple.

2. Le prêt direct. Les banques d'Ecosse.

366. Les banques d'Ecosse sont souvent invoquées comme le plus ancien modèle de crédit populaire sans nantissement. Ces banques, banques commerciales, et même d'émission, mais ayant des affaires assez calmes, recevaient de très longs dépôts pour lesquels elles payaient un intérêt. Les crédits de caisse étaient fort répandus. Les banques imaginèrent de les étendre, en établissant un système d'emprunt à intérêt correspondant au dépôt à intérêt. Dès 1728, on institua ce système dit des *Cash Credits*, en vertu duquel toute personne solvable pouvait emprunter à intérêt, moyennant une garantie de caution.

Ce système qui a produit de bons résultats, mais a aussi causé de dures calamités, ne pourrait être introduit dans d'autres banques. Le danger y serait plus grand encore qu'en Ecosse où des circonstances spéciales coïncidaient cependant pour le favoriser.

367. Il y a longtemps que les catholiques ont organisé des institutions de prêt, à titre de bienfaisance et de patronage. A part les monts de piété dus à l'initiative de la charité, il faut citer entre autres l'œuvre dite du *Prêt d'honneur*, à bas intérêt, fondée naguère par M. de Damas, et qui fonctionne encore avec succès dans le Périgord.

3. La mutualité et les unions de crédit.

368. On ne peut contester l'avantage, l'intérêt sérieux que les petits commerçants et industriels, et les artisans eux-mêmes peuvent avoir à participer à un crédit sagement distribué. Il s'agit, bien entendu, du crédit fécond qui sert à se relever et à produire et non à vivre, dans l'oisiveté, des produits de l'emprunt; il s'agit du crédit qui aide le travail et l'économie, les suppose, mais ne les supplée pas. L'escompte a pour la petite industrie bien plus d'utilité que le prêt direct qui exige grande prudence. C'est la pensée commune de tous ceux qui veulent organiser le *petit crédit*, de l'école Schulze-Delitsch, dont M. Hiernaux a récemment décrit avec détail toutes les institutions, comme du père Ludovic de Bèsse, dont nous parlerons bientôt.

369. Le crédit populaire se révèle principalement, dans le temps présent, sous forme de *mutualité* ou de *coopération de crédit*. Ces sociétés fonctionnent comme une véritable caisse d'épargne. Les travailleurs, petits commerçants ou industriels et artisans, mettent en commun leurs épargnes pour former une société à capital variable qui complète des ressources par des emprunts. Les sociétaires, auxquels les affaires sont strictement limitées, bénéficient de l'escompte, d'ouvertures de crédit, et parfois d'avances proprement dites. Voilà l'idée générale. On voit qu'elle ne repose que sur l'épargne et exige la prudence dans la distribution du crédit. La mutualité ne se borne pas d'ailleurs au seul crédit populaire, comme nous l'avons déjà vu et le redisons encore. Ce système a pris une très grande extension sous des formes analogues, mais qui présentent néanmoins des variétés.

370. La première initiative importante appartient à un modeste fonctionnaire allemand, Schulze-Delitsch ; vers 1850 il fonda les banques d'avances, *Vorschuss Banken*, qui prirent rapidement une grande extension. Le succès en dure encore, et le comité central de la coopération fédérative, dirigée aujourd'hui par le Dr Schneider, publie annuellement son *Jahresbericht*. Le crédit va sans peine jusqu'à la somme déposée par le sociétaire et même fort au delà. Pour une somme très supérieure il faut des garanties spéciales, par exemple, un nantissement, ou plus souvent un cautionnement comme aux banques d'Ecosse.

Le système *spécial* de Schulze repose essentiellement sur le *self-help*. Le capital de la banque est fourni par les membres et par un appel continu à l'épargne. Ce n'est qu'à titre accessoire qu'on recourt à l'emprunt. L'apport de l'Etat est écarté. Les sociétés ont la forme coopérative de société à capital variable. Tous les membres sont responsables. La solidarité est mutuelle et illimitée. Ce point auquel le fondateur tenait beaucoup d'abord, semble près d'être abandonné.

Le taux des intérêts des avances est assez élevé et ces banques recherchent des bénéfices qu'on répartit ensuite.

371. A côté de Schulze se sont constituées des banques populaires principalement rurales dues à l'initiative de M. Raiffeisen. Elles diffèrent du système Schulze par une pensée plus généreuse. C'est la mutualité encore et la solidarité, mais avec la gratuité des emplois et services ; on ne recherche pas les bénéfices et on ne distribue point de dividendes ; on prête à long terme : on opère sans capital avec les seuls dépôts, les capitaux prêtés et les bénéfices qui appartiennent à la société. Leurs affaires ne sortent pas de leur commune, et ne se font qu'entre associés, mais elles sont très utiles, et ce caractère restreint supprime les dangers de la solidarité. C'est la garantie de la solidarité, qui leur permet d'emprunter et d'agir sans capital propre, mais il faut que ces opérations demeurent dans un cercle restreint de gens bien connus. Tout s'y fait d'une façon plus généreuse et aussi économique que dans le système Schulze.

372. Les banques populaires furent introduites en Italie, sur l'exemple de l'Allemagne, par L. Luzzati et F. Vigano, mais le type italien a une différence essentielle, c'est qu'il est constitué sous la forme anonyme, c'est à dire de la responsabilité limitée. De plus, les banques italiennes font parfois des prêts à découvert et presque gratuits

dits *prêts d'honneur*. C'est une dérogation au principe même de la mutualité, car ces prêts se font aux personnes honorables, mais privées de ressources qui ne peuvent être sociétaires.

Les banques populaires du type Raiffeisen ont été introduites en Italie avec grand succès par M. Leone Wollemborg.

373. En Belgique, où il existe une vingtaine de banques populaires, dues à l'initiative première de M. Léon d'Andrimont, on a presque partout abandonné la solidarité pour se rapprocher du type italien en limitant la responsabilité tout en gardant la forme coopérative légale mais limitant prudemment le montant des prêts.

374. En France, il y a eu plusieurs tentatives de crédit populaire, soit officiel, soit financier, mais les mutualités n'y ont pas une histoire bien brillante. Récemment, cependant, d'importantes tentatives ont été faites par les catholiques français. On y insiste surtout sur le rôle des classes dirigeantes dans cette œuvre du crédit. Les *membres honoraires* sont l'élément social de l'œuvre.

L'idée de faire entrer des *membres honoraires* dans les banques est étrangère au principe du *self-help* qui est, d'ailleurs, rejeté à bon droit comme règle absolue. L'isolement des classes est un mal qu'il ne faut point encourager. Les catholiques allemands et, en particulier, Mgr de Ketteler, l'ont prouvé justement à propos de l'œuvre de Schulze; allemands et italiens, nous l'avons vu, ont créé, avec désintéressement, d'importantes mutualités sociales. En France, quelques banques, notamment celles d'Angers, ont fonctionné d'après le même principe.

375. Le Père franciscain Ludovic de Besse va plus loin ; il espère arriver à constituer un capital gratuit, grâce à la générosité des fondateurs, appartenant aux classes aisées. C'est la généreuse pensée qui préside à Paris (rue des Lombards) aux statuts actuels de la société du *crédit mutuel et populaire* rédigés sous son inspiration.

L'idée de la gratuité que la pensée chrétienne de la charité rend très noble et méritoire, a été parfois réalisée ; on trouve des administrateurs dévoués, on trouve des capitaux gratuits, mais on peut difficilement faire reposer sur la charité tout le crédit populaire. Ce système peut surtout s'appliquer utilement aux salariés, auxquels les banques populaires s'étendent rarement et aux populations qui n'ont pas l'habitude du crédit. Cette pensée a déjà reçu un commencement d'application très remarquable en Belgique, dans la caisse d'épargne libre d'Iseghem (Flandre occidentale). Ces institutions se rapprochent de l'idée du *prêt d'honneur* que nous avons signalé et de l'institution du baron de Damas dont nous avons parlé plus haut.

On ne peut oublier, dans toute cette question qu'il n'est pas prudent de négliger les garanties du prêt ; que si elles diminuent, si on prête facilement on ne peut le faire que sur un champ peu étendu, où on connaisse parfaitement ceux avec qui on traite.

§ 5. *Le crédit industriel à la production.*

376. Ce titre, souvent passé sous silence, mérite cependant une place à part, à côté du crédit commercial, mobilier, foncier, rural et populaire. Les principes généraux du crédit ont été exposés au point de vue commercial. Comme on l'a observé avec raison, tout industriel-producteur est négociant, puisqu'il achète des matières premières et qu'il vend des produits fabriqués. D'ailleurs la loi le reconnaît pour tel. A ce point de vue il participe aux services des banques. Mais le crédit d'escompte suffit mal à l'industriel qui doit, plus que le commerçant, immobiliser ses capitaux; il ne s'agit pas, pour lui, d'acheter et de vendre du matin au soir; il a des frais d'installation considérables, un capital fixe important.

Or, le producteur ne peut recourir au crédit des banques d'émission pour la constitution de son capital fixe; s'il le fait, si les banques y consentent, c'est souvent, on l'a vu, aux dépens de leur propre sécurité, car elles ne peuvent se priver longtemps de leurs capitaux. Escompter du papier représentant des engagements de cette nature peut amener la nécessité de renouveler plusieurs fois le terme des échéances. Faire des avances pour construction d'usines, achat de machines, sur dépôt d'actions industrielles ou sur hypothèque, tout cela peut engager leurs capitaux pour des termes prolongés, compromettre les remboursements, rendre les liquidations très difficiles. Ces opérations, on le sait, sont formellement interdites à la *Banque Nationale de Belgique*.

377. Les avances à la production industrielle, en dehors de l'escompte normal, pour des opérations commerciales du producteur, les avances pour son capital fixe, peuvent se faire de diverses façons sous forme de commandite, de souscription, d'actions, etc. En Belgique et ailleurs, les faits ont prouvé qu'il est sage, en thèse générale, de séparer le crédit commercial et surtout l'émission, du crédit industriel. C'est d'ailleurs une opinion fort générale. Les banquiers qui font du *crédit industriel* ne s'occupent que d'un petit nombre d'affaires, de grandes affaires et doivent prendre de grandes précautions dans le choix de leurs placements. Il est d'autre part des institutions financières qui, tout en faisant les opérations de banque, emploient en placements industriels une part importante de leurs ressources. Une grande prudence est nécessaire dans le choix de ces opérations.

En France, M. Hiernaux, après avoir expliqué dans son mémoire sur le *Crédit au travail*, l'histoire et la chûte de la *Société générale du crédit mobilier* fondée en 1852 par MM. Pereire, constate qu'actuellement il y a peu d'institutions de crédit industriel au vrai avantage de l'industrie; la plupart de celles qui en portent le nom se bornent, dit-il, à l'émission des actions ; il croit cependant qu'il y aurait place pour une institution financière de cette nature dont il expose les conditions organiques.

Les banques dont la clientèle est fixe et calme emploient cependant souvent les fonds qu'elles reçoivent en placements industriels, mais elles doivent éviter les engagements trop prolongés, éviter aussi de tout risquer dans la même entreprise. Convenablement divisés et prudemment opérés, ces placements peuvent être inoffensifs, mais il faut toujours de grandes précautions surtout quand il existe, d'autre part, des engagements à vue. En général, la commandite industrielle convient bien mieux à un capitaliste qui possède des capitaux *personnels* considérables. C'est ce que remarque M. Courcelle-Seneuil tout en indiquant les précautions pratiques à prendre pour la commandite elle-même et en conseillant une sorte de commandite par simple commission.

CHAPITRE VIII. — LA BOURSE ET LA BANQUE DE SPÉCULATION.

§ 1. *Définition de la bourse.*

378. La Bourse, dans sa signification la plus générale, est le lieu où se réunissent les commerçants, etc., et où se négocient les effets publics et autres valeurs commerciales.

Le nom de *bourse* donné aux réunions de marchands, vient, au témoignage de Guicciardini, de la ville de Bruges, où ils avaient coutume de s'assembler, au XVIe siècle, devant la maison de la famille Van der Burse, dont l'écusson était chargé de trois bourses.

Ces réunions ont toujours présenté une grande utilité pour la connaissance exacte des valeurs. C'est là que se concluent les marchés etc., et que se précise l'état de l'offre et de la demande. Cet état est généralement constaté d'une manière publique par la *cote*.

379. Dans la plupart des Etats, les bourses sont des institutions publiques limitées et surveillées. En Belgique, une loi du 30 décembre 1867 a supprimé toute règle légale. Les bourses sont absolument libres, sauf le droit de police de l'administration communale sur toute réunion publique. Il y a d'ailleurs des règlements communaux et des usages, dans chaque bourse, organisant l'admission, la commission de la bourse, la tenue des réunions, la rédaction de la cote, etc. Nous reviendrons bientôt sur cette police spéciale.

Il se fait à la bourse des opérations de diverses sortes, des marchés sérieux et des marchés fictifs ; des transactions en marchandises et en valeurs ; des combinaisons honnêtes et d'autres qui sont véreuses. Sans entrer dans le détail, nous allons tâcher d'en esquisser les traits principaux.

On distingue souvent les bourses d'effets, publics ou autres, et les bourses de marchandises. L'accroissement considérable de l'importance des premières leur réserve souvent le nom dans l'usage vulgaire.

§ 2. *Opérations de bourse.*

380. L'ensemble des opérations est si compliqué et si varié qu'il ne peut être question de pénétrer ici dans leur détail, mais seulement d'en donner une notion générale. La division la plus commune les distingue en *opérations au comptant* et *opérations à terme*. Ces deux genres d'opérations s'appliquent, en principe, à toutes valeurs : en marchandises comme en effets. Le public s'occupe spécialement de celles relatives aux valeurs mobilières.

381. *a)* Les *opérations au comptant* se caractérisent d'elles-mêmes, elles impliquent livraison et paiement, soit immédiatement, soit à très court délai. Ces opérations en marchandises sont fort simples. En effets ou valeurs, elles peuvent avoir pour objet de faire un placement avantageux et durable, ou bien de faire des bénéfices en prévision d'une hausse des cours ; ce dernier cas constitue un marché de spéculation. Le marché au comptant, quoique important et sérieux en lui-même, est calme et simple ; les spéculations n'y sont point vives.

382. *b)* Les *opérations à terme* sont le vrai

domaine de ce qu'on appelle la haute banque de spéculation, et l'objet spécial des bourses d'aujourd'hui. Ces marchés sont encore fort bien déterminés par leur nom : ce sont des *ventes à livrer*. Des marchés très sérieux peuvent se conclure sous cette forme, et en ce qui concerne les marchandises, elle joue même un grand rôle. Le terme est, on l'a dit, le signe normal du crédit ; sa présence n'a rien ici de surprenant. Une personne peut avoir intérêt à contracter aujourd'hui et à reculer l'exécution de son obligation.

Peu importe d'ailleurs qu'au moment du contrat, elle soit ou non nantie de l'objet ou des valeurs, si elle a la certitude de pouvoir se libérer à la date fixée pour la liquidation. Il ne peut y avoir aucun doute sur la régularité de pareilles opérations qui sont de pratique quotidienne dans toutes les transactions.

383. Tous les marchés à terme sont loin de présenter le même caractère. Il y a une foule de marchés qui présentent un caractère de spéculation tout particulier. La *spéculation*, en elle-même, c'est à dire l'espoir du gain sur la différence des cours, existe dans toute opération commerciale. Mais la spéculation se manifeste d'une façon toute spéciale, quand le marché se trouve être purement fictif et que le bénéfice se trouve être non la rémunération d'une œuvre utile, mais le but unique d'une transaction factice. A ce moment la spéculation prend le nom d'*agiotage*.

Plus souvent cependant, dans la pratique, ce dernier nom est réservé à l'excès de la grande spéculation, quelle qu'en soit la forme.

384. Dans le marché fictif, qui se fait en marchandises et surtout en valeurs mobilières, le but du contrat se borne souvent à percevoir la différence des cours. Le marché se règle aux époques de liquidation : le seul but est de profiter des *différences*. Dans cette sorte de spéculation, on calcule à la hausse ou à la baisse, d'après ses prévisions : le haussier achète dans la perspective que les titres qu'il achète au prix du jour auront haussé fin courant ; le baissier vend ; les spéculations à la hausse sont les plus fréquentes.

385. Ce marché ferme peut exposer le spéculateur à des risques assez considérables. Les usages ont introduit dans cette sorte de contrats une faculté de dédit qui les transforme en *marchés libres* : Cette faculté consiste dans la stipulation d'une somme à titre de *prime* qu'on abandonne en cas de perte.

386. *c) Reports et déports* sont des opérations fréquentes en bourse. Elles ont pour objet de procurer aux spéculateurs l'argent ou les titres qui leur manquent. Quand un spéculateur a entamé une opération qui ne répond pas d'abord à ses calculs, et persiste néanmoins dans ses prévisions, il désirera reculer l'époque de la liquidation et garder sa position dans la spéculation en hausse ou en baisse. Il doit cependant s'exécuter

et chercher à se tirer d'embarras, surtout s'il n'a pas en sa possession l'argent ou les titres exigés. Comment s'y prendra-t-il ? Supposons un haussier qui doit lever les titres achetés. Il doit solder le prix ; il mettra les titres en gage ; empruntera de l'argent sur ces titres à un capitaliste, quitte à le rembourser à la liquidation suivante. Il fait à la fois une vente comptant accompagné de rachat à terme, et en réalité un emprunt sur dépôt de titres. C'est ce qui s'appelle le *report*.

D'une manière générale donc, le *report est le prêt sur dépôt de titres en vue d'opérations de bourse;* parfois par extension on emploie ce nom pour toute avance sur titres.

L'opération inverse peut se produire en cas d'un baissier obligé de livrer une inscription. Il empruntera un titre à un capitaliste, c'est à dire le lui achètera comptant, et le revendra à terme. C'est le *déport*.

L'intérêt de ces emprunts est souvent très élevé, monte à des prix exorbitants. On a souvent appelé l'attention sur le taux excessif auquel le spéculateur faisait monter l'intérêt des reports.

Le report est une des grandes opérations de bourse ; Frémery y voit même la clef du système. Toujours est-il qu'il intervient constamment dans les combinaisons.

387. Ces opérations, dont nous venons seulement d'indiquer les traits tout à fait généraux donnent lieu à une foule de combinaisons que le

génie de la spéculation a multipliées à l'infini. Ces opérations se font d'ordinaire par l'intermédiaire de certains agents, dits *agents de change*, auxquels on remet en garantie une certaine somme, dite couverture, et à qui on donne ses ordres. Ils agissent en place du spéculateur, qui parfois ne connaît même pas ceux avec qui il opère.

§ 3. *Spéculation et agiotage.*

388. Nous avons défini ces deux termes. L'appréciation en est discutée tant au point de vue économique qu'au point de vue moral.

Au point de vue économique, les uns, comme M. Alph. Courtois fils, dans son *Traité des opérations de bourse*, soutiennent l'avantage que présente la spéculation et même l'agiotage pourvu qu'on n'emploie pas de manœuvres déloyales ; cet avantage existe d'après lui au point de vue de la fixation du change, de l'émission des titres et des rentes, de l'encouragement à l'esprit d'entreprise, de l'excitation au calcul financier, de l'influence publique de la variation des cotes, et enfin de la possibilité même du crédit public. Mais ces défenseurs sont rares ; et ceux de leurs arguments qui ont de la valeur ne peuvent en tout cas, s'étendre jusqu'aux marchés dont le seul but est de faire en grand des bénéfices sur les cours, sans aucune opération sérieuse. L'immense majorité des écrivains n'acceptent d'ailleurs pas cette opinion.

Au point de vue moral, les marchés à terme ne sont pas en eux-mêmes condamnables ; il n'y a là rien qui viole la justice, ni qui nuise à l'économie publique ; en eux-mêmes les marchés, même fictifs et se soldant par les différences, n'ont rien d'immoral. Il en est autrement des opérations fictives telles qu'on les pratique souvent, des spéculations *en grand* qui bouleversent artificiellement et souvent désorganisent le marché. Celles-ci présentent de grands inconvénients et de grands dangers ; elles peuvent être, elles sont souvent condamnables en morale.

389. Ces inconvénients et ces dangers sont multiples. Ce genre d'opérations immobilise des capitaux importants en paiement, en couverture d'intermédiaires, en reports etc. Il détourne de travaux infiniment plus utiles à la société des esprits souvent habiles et ingénieux puisqu'ils sont capables de calculs très compliqués. Il aboutit à des déplacements de richesse très brusques : des élévations rapides et des chutes instantanées ; des fortunes anciennes s'ébranlent et s'effondrent, tandis qu'il s'en crée de nouvelles tout artificielles qui souvent sont éphémères et se dépensent dans les inutiles prodigalités d'un luxe de parvenu ; les classes sociales sont souvent bouleversées par les résultats inattendus de ces agiotages. La fièvre du gain enlève souvent aux agioteurs de profession le sens moral ; ils se livrent à des combinaisons et à des manœuvres souvent doleuses, dont

les *bruits de bourse* sont les plus connues mais non les plus honnêtes, et qui varient à l'infini ; ils se laissent entraîner à des opérations hasardeuses qui compromettent leur patrimoine et ruinent leurs familles. Les spéculations à la hausse sont souvent les plus nuisibles de toutes, parce qu'elles entretiennent la fièvre et mènent plus infailliblement à la crise. Le crédit public n'a rien à gagner à de pareils artifices.

390. Que de ruines sur ce champ de bataille de la bourse, *telle qu'elle est!* Certes la bourse et les marchés à terme n'ont rien de condamnable en *eux-mêmes* ; mais que d'abus et de dangers dans l'agiotage tel qu'il se pratique. En réalité, ce n'est plus le *libre marché* des valeurs. Bien fol est qui s'y fie ! s'il n'est pas dans le secret des grands spéculateurs. En réalité, sans être tout-puissants, ils ont une influence énorme sur le marché, grâce aux titres et aux capitaux dont ils disposent, M. Courcelle-Seneuil l'a fort bien démontré, grâce aussi à leurs *syndicats* ou coalitions. Malheur au spéculateur isolé qui se fourvoie dans cette mêlée. Il peut faire de gros bénéfices, s'il se trouve par hasard dans le courant d'une puissante spéculation ; mais gare à la fin. Certes, il arrive que de grands spéculateurs entrent en lutte entre eux, mais c'est là jeu plein de périls et lutte à mort qui ne s'engage que rarement, pour des raisons graves. Ces grands capitalistes ne peuvent pas résister à un mouvement général,

à une forte panique, mais ils peuvent produire les fréquentes oscillations du marché, au gré de leurs combinaisons.

391. On voit que l'*agiotage* dans le sens commun du mot, est autre chose, en réalité que la simple *spéculation*, bien que ce soit au fond la même. Il y a la distance de l'usage à l'abus, de l'intérêt à l'usure, c'est à dire un abîme. Une spéculation isolée peut être honnête ; la masse des spéculations, avec le cortège de manœuvres qui les altèrent, des dangers et des entraînements qu'elle provoque, est un péril et un mal social. Calme à certains moments, l'agiotage, à d'autres, devient effréné. La fièvre de l'or et du million s'empare de la foule ; chacun veut sortir de sa sphère, s'enrichir ; les pères de famille, compromettant d'une façon coupable le patrimoine de leurs enfants, sont atteints par ce vent de folie jusqu'au moment où l'abus est châtié par ses propres excès, et qu'on voit s'écrouler tout ce temple de fausses richesses, emportant à la fois la fortune et l'honneur.

392. Au nom de la moralité, comme au nom de la paix publique, on ne peut assez condamner ces excès, qu'une cupidité étrange suscite sur les marchés. Ce n'est point là une source de richesse honnête et féconde ; ce ne sont point là les entreprises bénies de Dieu. Puis, la crise, le *krach* vient parfois punir les excès ; la conscience publique a besoin de ces châtiments salutaires. Ils

éclairent les naïfs, et consolent ceux qui gagnent leur vie d'un pénible labeur. On ne peut assez le dire aux honnêtes gens et aux chrétiens : Ne touchez pas à l'agiotage !

393. Ce mal n'est point récent ; et l'ancien régime en a présenté, notamment en France, lors des spéculations de Jean Law, de lamentables exemples. Tous les historiens du XVIIIe siècle, Tocqueville, Lacretelle et autres, en contiennent les tristes détails. Depuis lors, le mal n'a pas diminué, et le triste culte de l'or a chaque jour gagné des adorateurs. Oscar de Vallée a fait l'étude historique et morale de ces *manieurs d'argent*, et montré leur influence sur les mœurs de la société. Il rappelle les graves paroles prononcées contre l'agiotage par l'illustre chancelier d'Aguesseau, et conclut par le cri d'alarme aux nations qui font de la bourse le temple de leur divinité, la *sanctissima divitiarum majestas* des Romains de Juvénal. Ce sont là des fortunes qui excitent l'envie. C'est par là, s'il passe, que le socialisme passera, en détruisant le respect de la propriété ! De trop récents exemples ne font que confirmer ces sévères jugements ; et le krach de janvier 1882 qui a eu son contre coup sur tous les marchés, a fait jeter à tous les hommes sensés un nouveau cri d'alarme. A voir la bourse à certains jours, on l'a dit avec raison, Dante aurait ajouté une scène à *L'Enfer*.

394. Certes, les crises ne se produisent pas

chaque jour, et les crises de bourse sont moins funestes à la société que bien des crises commerciales, celles-ci d'ailleurs ont des causes que nous étudierons bientôt. Mais il n'en est pas moins vrai que si l'agiotage n'atteint pas toujours la masse des capitalistes sérieux, il en atteint beaucoup, il fait beaucoup de victimes. Ces victimes ne sont pas celles des jours de crise, elles sont de tous les jours, car l'agiotage ne chôme pas. Ces victimes et le caractère du mal suffisent à attirer sur ce fléau l'attention de l'économiste et du moraliste. Qu'on ne nous accuse pas d'être rétrograde, de méconnaître les nouveautés de notre époque. Nous acceptons toutes les inventions utiles, mais l'agiotage n'est pas nouveau, il est vieux comme la cupidité humaine ; et fût-il nouveau, que nous le répudierions encore, car nous ne voulons que ce qui est utile pour le bien général, compatible avec la morale et l'honneur.

§ 4. *Répression de l'agiotage.*

395. La pensée de réprimer les abus que nous venons de signaler, et de moraliser si possible, le marché, est venue depuis longtemps ; mais le moyen de réaliser cette répression est fort difficile à trouver. En réalité, la cupidité est plus forte que la loi, et parvient toujours à l'éluder. Il semble qu'on pourrait cependant entraver ses combinaisons. On a cherché à le faire par divers

moyens que nous allons indiquer sommairement, sans pouvoir ici pénétrer dans leur examen détaillé. Ces moyens peuvent se grouper en deux catégories. Les uns concernent la législation sur les marchés eux-mêmes ; les autres, la police de la bourse.

1. Législation des marchés à terme.

Cette législation a fait l'objet de nombreuses études dans les divers pays : citons les jurisconsultes Lyon-Caen, Boistel, Bastiné, Guillard, Mettetal, Coffinière, etc.

Il y a divers systèmes.

396. *a) Interdiction des marchés à terme.* L'ancienne législation française, issue des désordres de Law, et consacrée par un arrêt du conseil d'Etat de 1724 interdisait complètement les marchés à terme, et exigeait le dépôt préalable des titres ou deniers. Un nouvel arrêt de 1785 restreignait aux *ventes* à termes la prohibition. S'il faut en croire le témoignage du comte Mollien, les marchés à terme survécurent en fait à cette législation. Bien entendu, cette législation ne portait que sur les marchés relatifs aux valeurs mobilières et non aux marchandises. Les *marchés à livrer* les marchandises n'ont jamais été prohibés. Ce système qui a encore des partisans, est cependant presque abandonné.

397. *b) L'exception de jeu.* Pour réprimer les abus de l'agiotage, les législateurs et les juris-

prudences de l'Europe ont eu recours, en notre siècle, à un autre moyen qui certes n'a pas été efficace. MM. Mettetal et Wiener ont récemment analysé la législation comparée sur les *jeux de bourse*. Tout le système consiste en effet dans ce mot. Il existe, dit-on, des marchés à terme sérieux ; ils sont respectables ; la loi les protège. Mais il y en a une foule de fictifs ; ceux-là sont nuisibles, souvent dangereux ; ils n'ont rien de sérieux ; les parties sont très décidées à ne pas les exécuter : ces marchés-là ne méritent pas la protection légale ; ce sont des *jeux* et l'art. 1965 du code civil « n'accorde aucune action pour une dette de jeu ». L'*exception de jeu* voilà l'arme de la loi contre les marchés fictifs. Cette jurisprudence a duré longtemps, elle dure encore et ce sont les juges qui apprécient si le marché est sérieux ou non dans l'intention des parties.

Ce système a produit des conséquences bizarres qui l'ont fait vivement incriminer. Les spéculateurs éhontés sont seuls à en bénéficier ; et pour le reste, il n'a aucune influence. Ni un agent de change, ni un financier ne pourrait invoquer l'exception de jeu sans se faire exclure de la bourse, mais la tourbe des agioteurs de hasard, alléguant leur propre turpitude, pourront se dégager de toute obligation. La loi, en leur ouvrant ce refuge, favorise leurs opérations : ils peuvent impunément manquer à leur parole. Plus ils sont malhonnêtes, mieux ce sera pour eux, car ils ne paieront pas, et les juges devront leur octroyer l'immunité de leur turpitude.

Ces arguments ont été soutenus avec vigueur à la suite des dernières crises de bourse. L'exception de jeu a disparu en Italie par la loi du 18 septembre 1876 ; en Autriche, par la loi du 1^r avril 1875 ; en France, par la loi du 25 mars 1885; le juge anglais ne l'applique plus. Elle subsiste dans la législation russe, allemande, où elle est peu appliquée, et en Belgique, avec le code civil.

398. *c) Droit commun des obligations*. Ces diverses lois ont reconnu la validité générale des marchés à terme, même se réduisant à des paiements de différence. Désormais l'agioteur subira la responsabilité légale de ses opérations. Ce n'est pas sans crainte que plusieurs voyaient introduire ce principe nouveau très combattu autrefois. On n'aimait point à sanctionner de telles obligations ; on craignait aussi de frapper les naïfs dupes du dol des plus forts tandis que la preuve du dol serait malaisée à fournir.

Ces craintes ne sont pas vaines, et il est à craindre que l'agiotage ne pâtira guère de cette nouvelle mesure. Peut-être pourrait-on avec avantage poursuivre le délit d'agiotage prévu par l'art. 311 du code pénal belge, mais assez oublié des parquets.

Quoi qu'il en soit, nous ne croyons guère à l'efficacité des mesures légales. L'Etat doit sans doute chercher à enrayer le mal, c'est son devoir, mais la cupidité parvient toujours à échapper aux mesures qui veulent la restreindre. Plus que jamais ici : *nil leges sine moribus* ; comme on l'a dit avec raison « la loi ne peut gouverner les passions, mettre un frein à l'ardeur du jeu et du lucre, prévenir les calculs de la fraude ». Il faut des lois, mais il faut avant tout travailler à la réforme des mœurs.

2. Police de la bourse.

399. Nous dirons peu de chose de ce point qui nous entraînerait à une étude de détail qui excède absolument notre cadre. Dans les affaires de bourse, il faut des intermédiaires qui ont existé de tout temps sous le nom de *courtiers*, plus tard *agents de change*. Dans presque tous les pays, ce rôle est réservé à des fonctionnaires, et la bourse est une institution officielle et surveillée ; mais à côté de la bourse officielle, la *légale*, existe la *coulisse*, puis la petite bourse, et le vaste domaine des courtiers marrons.

En Belgique, une loi du 30 décembre 1867 a supprimé toute espèce de règlementation. La bourse est libre ainsi que la profession d'agent de change, sauf des règlements d'ordre intérieur sur les bourses ouvertes par les villes. Nous ne pouvons entrer ici dans de plus amples détails.

CHAPITRE IX. — Les sociétés commerciales.

400. Nous avons signalé ailleurs l'influence générale de l'association, promettant d'en reprendre en détail les principales applications. Les sociétés commerciales figurent assurément aujourd'hui parmi les plus importantes et les plus fréquentes.

L'organisation de ces sociétés est une matière grave, dont les principes dépendent de l'économie politique, mais dont il faut bien que nous abandonnions le détail au cours connexe de droit commercial. Bornons-nous donc ici à donner les grandes lignes de la matière.

Dans l'ordre des entreprises économiques et financières, il en est un grand nombre qui dépassent les forces d'un individu, et qui exigent des dépenses excédant les ressources particulières. La pensée naturelle est de grouper, pour les réaliser, les efforts et les capitaux de plusieurs.

En matière commerciale, ce groupement revêt diverses formes qui ont été admises et organisées par les législateurs.

On distingue généralement dans les législations modernes en dehors des simples sociétés de fait, les *sociétés civiles* et les *sociétés commerciales*.

401. Les sociétés commerciales proprement dites sont celles qui se livrent aux actes que la loi répute commerciaux. Les sociétés civiles sont les autres sociétés, à condition encore, suivant une

opinion commune, bien que contestée, qu'elles aient un but de lucre. Les sociétés commerciales ont une individualité juridique distincte des associés ; elles peuvent revêtir certaines formes spéciales prévues par la loi, formes qui facilitent leurs opérations, la formation de leur capital etc., telle que la forme anonyme ; elles participent à la législation commerciale : obligations spéciales, juridiction, faillite etc. Les sociétés civiles ont à certains égards leur individualité juridique, mais elles échappent aux règles commerciales, et il leur est interdit par la législation belge d'emprunter les formes commerciales, sauf pour l'exploitation des mines. Tel est le cas surtout pour les sociétés immobilières. Cette défense a disparu de la plupart des codes, qui permettent aux sociétés civiles de prendre les *formes* commerciales ; les uns les y autorisent sans perdre leur qualité civile ; dans les autres, la forme emporte le fond. Cette question est en Belgique, l'objet d'une sérieuse controverse.

402. Les principales formes commerciales reconnues par la loi belge, sont les suivantes :

a) La *société en nom collectif*, par laquelle plusieurs personnes unissent leurs efforts et leur capital, d'une manière illimitée et en acceptant la plénitude de la responsabilité.

b) La *société en commandite*, où il y a une catégorie d'associés, les *commandités*, tenus *in infinitum*, tandis que les autres, dits *commandi-*

taires, limitent leur responsabilité. Si le capital de ceux-ci est divisé par actions, la société est dite *commandite par actions*.

c) La *société anonyme* ou *par actions*, simple société de capitaux. Les associés ne sont que des bailleurs de fonds, dont la responsabilité est limitée à leur mise.

Le premier type constitue la société des personnes ; le dernier, celle des capitaux, tandis que la commandite combine les deux éléments.

Outre ces trois types essentiels, les lois ont admis un autre type.

d) La *société coopérative* ou *société à capital variable* qui répond plus spécialement à la nature économique de ces associations que nous avons décrites.

403. Il est clair que la liberté des conventions peut modifier ces formes ; mais en le faisant, on se prive du caractère de personnalité et des avantages accordés par la loi à ces formes elles-mêmes. C'est ainsi que l'on cite les *sociétés en participation* ou sociétés tacites par lesquelles certaines personnes s'intéressent dans des opérations que d'autres gèrent en leur propre nom, etc. ; telles sont aussi les *associations momentanées*, comme les syndicats qui s'organisent à la bourse, qui n'ont pour objet qu'une opération de commerce déterminée etc.

404. Les divers grands types de sociétés répondent à certaines situations économiques par-

ticulières que nous allons chercher à définir brièvement. La *société en nom collectif* semble d'abord la plus parfaite et la plus sûre ; et elle présente en effet de grandes garanties de sécurité ; mais elle a des caractères qui limitent sa puissance : quand on y entre, on s'engage indéfiniment ; chaque associé représente la société, il faut donc entre tous un haut degré de confiance ; enfin l'existence de la société dépend de la vie de ses membres et se trouve fort limitée. Le champ d'activité de cette société se trouve donc assez restreint par ces caractères mêmes.

405. La *commandite* a évidemment des avantages qui facilitent l'action sociale ; on peut mieux y grouper les capitaux ; quand un homme, sûr d'une idée, veut en entreprendre la réalisation, il peut en prendre la responsabilité et la gestion, et peut se procurer ainsi des capitaux. S'il est honnête, actif, et s'il réussit, cela ira fort bien pour tous. La commandite convient à procurer à un homme de grande capacité le moyen de monter une entreprise. Le gérant responsable est l'homme essentiel de la commandite. Cette situation du gérant est prépondérante ; il a tout le souci et l'initiative de l'affaire. Quand rien ne justifie cette situation, on prend de préférence une autre forme, qui a aujourd'hui les prédilections : l'anonymat. —

406. La *société anonyme* rassemble des capitaux de toute part et les groupe en un faisceau. Le groupe lui-même constitue un être absolument

distinct de tous les associés dont aucun n'exerce une influence prépondérante. C'est le capital qui gouverne : il est entrepreneur et directeur suprême. Au lieu d'un gérant, il n'y a plus que des administrateurs délégués par l'assemblée générale des actionnaires, et dont la gestion est contrôlée par des commissaires délégués de même. Le capital, divisé en actions cessibles, se renouvelle sans cesse, et l'élément personnel est absorbé. La société survit à ses membres, et son existence en est indépendante.

La société anonyme présente d'énormes avantages au point de vue du groupement du capital : la responsabilité limitée attire le public, ainsi que la facilité de se dégager en négociant son titre. Elle se prête aux grandes opérations qui réclament une forte masse de ressources, supérieure à celles que peut réunir un particulier. Elle permet aux hommes entreprenants de trouver des capitaux pour des œuvres hardies mais aléatoires où personne ne risquerait tout son patrimoine. La société anonyme, ou communauté de capitaux, a donc un rôle important à jouer dans les grandes entreprises des découvertes modernes. Les avantages de l'anonymat sont sérieux, surtout pour certaines grandes entreprises, telles que chemins de fer, mines, colonisation etc.; d'autre part certaines qualités qu'on lui attribue sont souvent illusoires; quelques uns y ont vu un moyen de démocratiser la propriété ; en réalité, on en est bien loin et l'anonymat est bien plutôt une sorte de féodalité industrielle qui n'a de démocratique que des apparences. On y a vu un moyen de reconstituer l'unité détruite par le morcellement des héritages ; c'est se complaire à guérir, par un remède bien imparfait, un mal qu'on pourrait supprimer.

A ces avantages, il faut opposer les sérieux inconvénients de l'*anonymat*. C'est une médaille, dont il importe de signaler le revers. Le principe essentiel de ce genre d'association consiste dans la limitation des responsabilités personnelles. L'être juridique est absolument impersonnel. De ce principe résultent des dangers très généralement reconnus : la négligence et l'improbité de la gestion provoquent des ruines souvent colossales ; les responsabilités indirectes sont souvent illusoires ou éludées ; le patronage social, quand il s'exerce, a une influence bien moindre que dans les entreprises personnelles, et comme on l'a dit avec raison : cet être impersonnel n'a pas de cœur. Sans doute, il y a, à ces observations, de glorieuses exceptions ; mais il est unanimement avoué que la forme anonyme présente des dangers spéciaux qu'il serait imprudent de méconnaître.

407. Ces dangers, est-il possible de les combattre efficacement ? Sans doute, on peut prêcher aux administrateurs et aux commissaires le zèle, la prudence, l'honorabilité ; on peut représenter aux actionnaires l'intérêt et parfois le devoir d'u-

ser des assemblées générales pour imprimer à la société une marche régulière, et exiger l'exercice du patronage dans ses établissements ; on peut faire connaître aux fonctionnaires, aux ingénieurs leurs devoirs sociaux. La propriété mobilière, qui prend tant de proportions, a aussi ses devoirs. Tout cela est parfait ; et nous admettons fort bien que, là où cela se ferait, là où cela se fait sérieusement, les inconvénients du régime sont fort atténués.

408. En dehors des sociétés sérieuses, le titre anonyme prête à des abus formidables ; l'instrument est utile sans doute, peut produire de très bons résultats, mais il est très dangereux si on le laisse en toutes mains. L'histoire financière est pleine des mémoires de ces escrocs de tous les mondes, qui drainent les économies publiques et le capital social, à coup de réclames, au moyen de sociétés où tout est fictif excepté les bénéfices qu'ils empochent et la crédulité incorrigible du public. Une affaire est annoncée à grand orchestre, sous le couvert de quelques noms sonores ; les actions sont offertes au public à un taux *convenable* ; les *lanceurs* vendent les leurs à ce prix ; huit jours après, ces mêmes actions retombent dans le néant, et *le tour est joué*. Voilà l'histoire d'une foule d'opérations véreuses, que facilite l'irresponsabilité anonyme ; c'est une organisation savante du brigandage.

409. Toutes les législations ont cru nécessaire

de parer à ces dangers, bien que les systèmes soient fort différents. *Liberté et responsabilité, dit-on, sont corrélatives ; si on se permet de limiter celle-ci, il faut aussi restreindre l'autre.* Cette pensée a servi de raison aux diverses mesures prises par les gouvernements. Il nous paraît incontestable qu'il y a dans les dangers et les abus de l'anonymat, ample raison suffisante pour légiférer et porter une atteinte nécessaire à la liberté des conventions. Mais les systèmes législatifs sont fort différents, et, sans entrer dans un détail qui sort de notre cadre, nous devons les indiquer. Dans un savant mémoire, M. Lescœur a exposé sur ce point la législation comparée, mais depuis lors (1877) divers pays ont modifié leur régime légal.

410. *a) Système de l'autorisation préalable.* Les privilèges de l'anonymat, considérés à la fois comme une faveur exceptionnelle et un danger, ne sont concédés qu'en vertu d'un acte de l'autorité publique. Ce système fut longtemps en usage en divers pays. L'Angleterre distinguait le *partnership*, sorte de société en nom collectif ; et la *corporation*, entité juridique distincte de ses membres, qui ne pouvait exister que par charte royale. A la suite de divers événements dont nous ne pouvons ici faire l'histoire, la corporation fut mise en suspicion par le pouvoir ; la jurisprudence et l'usage la firent renaître indirectement sous forme de *société à capitaux réunis, joint stock company*

limited, sorte de commandite par actions. Ses progrès provoquèrent une enquête pour aboutir à la loi actuelle, l'*act* du 17 juillet 1856 qui autorise les sociétés par actions sous certaines conditions. L'histoire des sociétés en France est assez analogue ; le code de commerce de 1808 exigeait pour l'érection d'une société anonyme, l'autorisation préalable. Les efforts du public et de la jurisprudence créèrent la commandite par actions : on divisa le capital en actions ; on donna les fonctions de gérant à un homme de paille insolvable. Sous cette forme, il y eut vers 1830, une vraie folie de spéculation. Le gouvernement chercha à maintenir son système mais il fut débordé, et après des concessions partielles, l'autorisation fut supprimée par la loi du 24 juillet 1867. En Belgique, l'autorisation exigée par le code avait toujours été facilement accordée ; elle ne fut supprimée cependant que par la loi, encore en vigueur, du 18 mai 1873.

411. *b) Système de la réglementation légale.* Ce système, sous des formes diverses, est celui de la presque universalité des législateurs. Tous ont été frappés de la soif de lucre qui dévore le marché moderne et des spéculations extravagantes et coupables auxquelles se prête l'anonymat. Comment empêcher les abus, tout en permettant les sociétés utiles? C'est la grosse difficulté que se sont ingéniés à résoudre, depuis quelques années, presque tous les gouvernements

européens. Les mesures préventives, si illibérales qu'on les juge, ont été presque partout trouvées nécessaires. Conditions relatives au nombre des associés, qui paraissent peu justifiées; conditions de formes sous peine de nullité, qui paraissent dangereuses, la nullité étant rarement invoquée avec loyauté ; conditions relatives à la souscription et au versement du capital, à la réalité et à la constatation des apports ; à la négociation des actions ; à la responsabilité des commissaires, à celle des administrateurs et des fondateurs ; à la sincérité des affirmations sur bilan ; à la publicité des conditions et des actes etc. etc.; telles sont les diverses et nombreuses stipulations préventives par lesquelles on a essayé d'enrayer la fraude. A ces mesures, on a joint dans le code pénal, des mesures répressives. La fraude passe encore par les mailles du filet le mieux serré ; mais au moins quelques difficultés y sont opposées. Evidemment on se ferait illusion si on croyait tout prévoir ; la fraude passe partout. Les mesures les plus efficaces, sans exclure les autres, sont, semble-t-il, d'une part la publicité qui met les gens en garde contre les fausses réclames et les boniments de la petite presse financière; d'autre part, la juste responsabilité sérieusement appliquée aux fondateurs, administrateurs et commissaires. La loi belge du 22 mai 1886, complète et modifie celle du 18 mai 1873; elles constituent chez nous la législation organique de la matière.

412. *c) Liberté des conventions sociales sauf publicité et répression.* Ce système ne conserve que les mesures répressives et une seule mesure préventive : la publicité. Il abandonne toute réglementation des formes sociales. Soutenu par quelques économistes, il a été défendu en particulier par Emile Ollivier. L'Etat, d'après lui, n'est pas chargé de protéger les particuliers contre leurs imprudences, pourvu que la publicité soit loyale. « Une loi sur les sociétés doit se réduire à trois principes : liberté des conventions ; publicité ; répression, par les moyens de droit commun, du dol et de la faute. Toute autre réglementation est inutile et dangereuse. »

413. Tels sont les trois systèmes en présence. Le second a actuellement toutes les préférences, et un vent de grande sévérité souffle dans tous les parlements. Ils s'efforcent de boucher toutes les fissures par où passe la fraude. L'œuvre est impossible, répétons-le, et les dispositions légales finissent par devenir pour les honnêtes gens aussi gênantes que pour les fripons. Mais nous ne le regrettons pas outre mesure. Nous ne souhaitons pas voir se multiplier à l'infini la forme anonyme.

Les sociétés par actions ont leur rôle à jouer ; il faut le leur reconnaître, mais ce rôle ne doit pas envahir tout le champ du travail. Cela n'est souhaitable ni au point de vue social, ni même au point de vue économique.

414. Le *syndicat* est une force financière nou-

velle, intimement liée à la société anonyme. Le syndicat, en terme de bourse, est une association momentanée en vue d'obtenir un but déterminé. Il se forme des syndicats pour des affaires vraies, beaucoup aussi pour des affaires véreuses. Un syndicat soumissionne les actions d'une société nouvelle, se charge de leur placement, et garde comme prix de commission, la différence du prix auquel il a haussé l'action et de son prix de concession. Ces syndicats et ces opérations d'émission sont les spéculations de la haute banque. C'est là un moyen ordinaire de faire les émissions ; mais ce moyen prête aussi à des combinaisons malhonnêtes. Il y a sur le marché, à certains moments, une quantité de capitaux flottants en quête de placements. L'épargne en produit toujours ; à certains moments, il y en a davantage. C'est alors que les *habiles* suscitent des sociétés de toutes sortes, plus extravagantes les unes que les autres : tantôt tel genre a la vogue, tantôt tel autre. C'est ce qu'on appelle en anglais des *bubble companies*, sociétés *éruptives*. C'est là un commerce très lucratif mais très peu scrupuleux.

415. Les *sociétés coopératives* ont été l'objet d'une organisation de faveur dans la plupart des législations. Ce sont, comme les appelle la loi française de 1867, des *sociétés à capital variable*, en ce sens que le nombre des associés et leurs apports sont variables. Nous ne pouvons entrer dans le détail législatif de cette organisation, qui

est aussi contenue dans la loi belge de 1873. Nous avons indiqué la controverse relative à l'étendue de la responsabilité dans ces sociétés. La loi belge laisse libre choix en cette matière.

416. Parmi les sociétés qui ont adopté tantôt le type coopératif, tantôt la forme anonyme, il faut signaler les *sociétés mutuelles* ou *unions de crédit*, dont nous avons déjà parlé à propos du crédit populaire. La *mutualité* appliquée au crédit, consiste dans le groupement intime opéré par divers intéressés, en vue de se procurer par leur union même, les avantages du crédit. Les unions de crédit n'opèrent, c'est leur nature même, que pour les personnes agréées comme sociétaires. Ce type a été appliqué, nous l'avons vu, au crédit foncier. En Belgique, on l'a appliqué au crédit populaire sous la forme des banques dont nous avons parlé, et aussi au crédit commercial sous forme d'*unions de crédit*. Fondées en 1848, après la grande crise commerciale, sous la forme anonyme, plusieurs ont pris la forme coopérative légale depuis la loi de 1873. Les unions de crédit limitent la responsabilité au montant du crédit accordé aux sociétaires. Les conditions d'admission de ceux-ci ne sont pas statutairement plus sévères que celles qu'on exige d'un client dans une banque ordinaire ; c'est une question d'appréciation du comité.

CHAPITRE X. — Les crises.

417. Les crises sont un phénomène très commenté, dont tout le monde parle, mais dont l'analyse est malaisée. D'une manière générale, ce sont les maladies de l'organisme économique ; elles semblent plus fréquentes dans les pays qui usent d'un crédit développé. Il y a dans l'activité économique, des alternatives d'*expansion* et de *contraction*. Ces crises tiennent à certaines causes qu'on a cherché à définir. Divers écrivains les ont étudiées. En particulier, le Dr Juglar a écrit un mémoire classique sur *Les Crises et leur retour périodique*. On a distingué diverses sortes de crises : crises commerciales, industrielles, crises de bourse ; elles présentent sans doute certains phénomènes distincts ; la crise de bourse notamment éclate avec une brusquerie et une violence qui lui a fait donner le nom de *krach*. Mais toutes les crises ont une cause analogue : *le développement exagéré de certaines affaires*, se manifestant dans quelque ordre particulier.

418. On s'est ingénié à décrire la physionomie des crises. MM. Juglar, Siegfried etc. ont montré les phénomènes ordinaires par où elles passent. Ces phénomènes résultent si naturellement de la constitution actuelle du marché, qu'ils se répètent presque à des intervalles fixes et qu'on a cru pouvoir établir, pour les crises commerciales, une

sorte de *périodicité*. Les mêmes influences provoquent les mêmes résultats. A chaque crise, on en cherche la cause dans quelque événement contemporain qui n'est point sans influence, sans doute, mais qui n'est que la goutte d'eau faisant déborder un vase déjà plein.

419. Les premiers symptômes d'une crise sont les apparences d'une grande prospérité ; grand élan industriel, accumulation des capitaux, hausse des prix. La confiance est partout, et l'esprit d'entreprise prend de grands développements. Les banques, entraînées par ce mouvement, donnent une grande extension aux escomptes ; la réserve métallique diminue. Ce mouvement se prépare longtemps avant la crise. Celle-ci éclate quand cette tendance est portée à l'extrême et qu'un fait quelconque, occasion et non cause, vient provoquer une liquidation devenue nécessaire. Alors la panique se produit, les affaires se ralentissent, la banque hausse son escompte, le crédit se refuse, les faillites se multiplient, les ventes augmentent et dépassent les achats, les prix s'effondrent. Puis les affaires se liquident, le numéraire inactif retourne à la banque, et la période d'expansion est rouverte, après une liquidation plus ou moins difficile.

420. Ces alternatives se retrouvent partout, et on est frappé de la régularité de ces phénomènes que les circonstances extérieures peuvent d'ail-

leurs aggraver. C'est d'une manière générale l'*excès d'affaires*, *overtrading*, qui provoque les crises.

421. Ces crises sont-elles inévitables ? A en croire ceux qui les ont étudiées d'une manière spéciale, il semble qu'on puisse les adoucir, mais non les prévenir complètement. Ce serait, à leur avis, un élément chronique de l'existence des sociétés où le commerce et l'industrie dominent. Cependant, on peut les prévoir et en atténuer les maux par la vigilance. Les banques surtout, vraies vigies du marché, doivent veiller à ne pas laisser leur encaisse faillir, à signaler les abus de spéculation et à élever à temps le taux de leur escompte, ce qui est à la fois un avertissement et un remède. Il y a moyen de les prévoir, sans pouvoir les fixer avec une précision mathématique, sans doute, mais assez pour saisir les avis de la prudence. Ces crises, il faut le reconnaître, se manifestent dans les pays qui font du crédit le plus grand usage et donnent le plus grand développement aux affaires : la cause même s'en trouve dans l'*excès d'affaires*. Or la soif de profits, la fièvre d'affaires qui caractérise notre siècle, n'est-elle pour rien dans ces phénomènes ? *La crise est la réaction contre les excès*, contre la poursuite exagérée de la richesse, la concurrence effrénée. C'est la nature des choses, c'est l'ordre qui se venge, comme la maladie du corps humain est souvent la réaction contre les abus des forces physiques. On a fait de la production le but de

l'activité humaine, on ne vit que pour s'enrichir, même par les voies factices et on paie les conséquences de cette vie irrationnelle.

422. En dehors des grandes crises générales qui atteignent tout le marché, il y a aussi des crises spéciales qui portent sur certains ordres seulement de l'activité économique. Souvent ces crises tiennent à une cause analogue aux crises générales ; il peut y avoir des causes spéciales telles que la perte d'un débouché important qui compromet la situation d'une industrie particulière.

423. Les *krachs* ou *crises de bourse*, présentent par leur rapidité et leur brusquerie une allure particulière. La cause est toujours identique : *l'excès de la spéculation*. Dans les moments de prospérité, à ces instants où l'intérêt est bas, le capital abondant, il se forme une foule d'entreprises et d'affaires lancées. La crédulité est disposée. Il y a alors une sorte de *mania*, de fureur, d'entraînement ; on souscrit à tout, et tout hausse. Ces hausses font plaisir, elles portent sur les valeurs sérieuses comme sur les autres ; et chacun y voit un gain de son capital. La hausse est populaire ; on la fête, si artificielle qu'elle soit. Il est même des gouvernements qui s'en glorifient. En réalité, ces entraînements sont funestes et sèment la ruine. Quand la hausse commence, il y a un moment de crainte dans le public, et on constate un point d'arrêt ; puis la hausse reprend,

vertigineuse jusqu'à la débâcle. C'est ce qui fait dire que la crise de bourse se développe par *deux piques* ou *deux bosses*. Quand la hausse commence, chacun se passe les titres haussés ; il faut donc de plus en plus de capitaux pour spéculer. Croyant toujours à la hausse, tout le monde veut toujours acheter à terme, et se faire reporter, car tout le monde aussi veut paiement. Or plus les prix montent, plus il faut lever sur reports. Cela va bien tant qu'il y a des capitaux en reports ; mais à la fin, ceux-ci s'effrayent, sont très chers, montent à des taux prohibitifs, se retirent. Alors la course cesse, et tout croule brusquement. Tout le monde pour se liquider, doit vendre, et vendre à tout prix. La baisse alors emporte tout. Elle porte sur les bonnes valeurs autant que sur les autres, car tout le monde doit avoir de l'argent, et ne peut en trouver qu'en vendant, et en vendant les valeurs sérieuses. C'est la débâcle.

424. Ces crises, qui sont des phénomènes chroniques de notre état actuel, causent de vives souffrances ; nous devons reconnaître qu'elles sont inévitables dans les conditions actuelles de la vie économique. La période d'expansion comporte une fièvre de production et de jouissance qui provoque une réaction, une liquidation nécessaire. On ne veut pas se contenter des gains lents et sûrs. On compte sur l'extension indéfinie du marché, on produit toujours, on veut faire vite et grand. La spéculation, l'esprit de lucre entraîne

tout ; et les conditions de l'industrie moderne y prêtent singulièrement. La crise est donc la réaction, la liquidation nécessaire, c'est le revers de la médaille de la libre concurrence et du développement illimité du lucre qui caractérise nos sociétés contemporaines et cette fièvre de richesse qui s'en est emparée. La périodicité des crises bien établie, engage à plus de prévoyance, à profiter des années fécondes pour se préserver des réactions et des chômages, enfin à donner, si possible, à ses affaires l'extension lente et sûre qui assure des profits modestes, mais évite les désastres. A ce prix, si tous étaient sages, il n'y aurait pas de ces crises générales et périodiques. Si on savait se modérer, on éviterait les désastres, mais il est bien difficile de s'arrêter sur une pareille pente ! La sagesse chrétienne enseigne la modération dans la poursuite de la fortune et par suite la prudence, elle donne en même temps la sécurité

OUVRAGES DU MÊME AUTEUR :

Essai historique sur la condition des classes rurales en Belgique; ouvrage couronné par l'Académie. 1 vol. in-8°, 1880.	3 50
L'Economie sociale au moyen-âge. Vol. in-8°, 1882	1 50
Le Play. Notice sur sa vie et ses travaux. Broch. in-8°, 1882.	0 50
Etudes sur les antiquités économiques d'Athènes, in-8°, 1879-1883, nos 1 à 7. Chaque étude	0 50
L'établissement des Hollandais aux Indes orientales, in-8°, 1884.	0 75
La morale du désintéressement rationnel, broch. in-8°, 1876.	0 75
Philippe de Maizières et son projet de banque populaire (1389), 1880.	0 60
Code rural de la Belgique ou Recueil des lois et arrêtés qui président au régime civil et administratif des intérêts agricoles, 1 vol. in-12, 1884	3 00
Lois et méthode de l'économie politique. Vol. in-12	1 50
La lutte pour le pain quotidien, 1 vol. in-12, 1885	3 50
Les essais de conciliation et d'arbitrage entre patrons et ouvriers, broch. in-8°, 1886.	1 00

La Constitution, texte français, in-32.	0 25
DESCAMPS. Les harmonies du droit naturel et du droit chrétien.	2 00
— Hugo Grotius et le droit naturel.	1 00
— Constitution belge comparée, in-12.	1 00
Paul LEFEBVRE. Du divorce.	2 00
Chanoine VAN MESSEM. De la capacité légale des fabriques d'église pour construire et meubler les édifices du culte.	1 00

www.ingramcontent.com/pod-product-compliance
Lightning Source LLC
Chambersburg PA
CBHW071421150426
43191CB00008B/996